U0505770

提问诸子丛书　黄坤明 主编

郭志坤　陈雪良 著

提问老子

言道大师
求道始祖

上海人民出版社

图书在版编目（CIP）数据

提问老子/郭志坤，陈雪良著．—上海：上海人
民出版社，2017
（提问诸子丛书/黄坤明主编）
ISBN 978－7－208－14255－8

Ⅰ．①提…　Ⅱ．①郭…　②陈…　Ⅲ．①老子—人物研
究　Ⅳ．①B223.15

中国版本图书馆CIP数据核字（2016）第303137号

出版统筹　孙　瑜
责任编辑　马瑞瑞
装帧设计　范昊如

·提问诸子丛书·
黄坤明　主编
提 问 老 子

郭志坤　陈雪良　著
世 纪 出 版 集 团
上海 人民出版社 出版
（200001　上海福建中路193号　www.ewen.co）
世纪出版集团发行中心发行　上海中华印刷有限公司印刷
开本　720×1000　1/16　印张　11　插页
2017年1月第1版　　2017年4月第2次印刷
ISBN 978－7－208－14255－8/B·1236
定价　58.00元

总　序

黄坤明

　　读诸子百家书,发觉古贤的思维模式有一个显著特点:善于提问。"孔子入太庙,每事问。"(《论语·八佾(yì)》)这个典故是人们熟知的。说孔子来到祭祀周公的太庙,提问频率之高,问题触及面之广,使亲历其境的人们感到惊异:都说孔子知礼,怎么还提问不断呢? 面对发问,孔子的回答既简洁又精彩:"是礼也!"其意是讲,我是个善于提问的人,善于提问才使我真正知礼啊! 这是发生在孔子早年的事。"三十而立"后的数十年间,无论是教学弟子,还是答问友朋,或者与列国君臣周旋,孔子都喜欢用提问的方式来探求真知。在诸子中,孔子的影响是最大的,用司马迁的话说,是"学者宗之"的。正因为如此,孔子倡导的提问式思维模式影响了一代又一代文人墨客,成为中华文化的好传统。

　　提问对人来说真是个奇妙的东西,它会使人兴奋,使人坐卧不安,使人有索解的欲望,使人有不倦的探求精神。一个问题解决了,又会有新的问题产生。任何一个人都永远生存于提问和被提问之中。我们完全可以这样说,提问是驱动思想发展的真正的"永动机"。

　　我们常说,理论始于问题,科学始于问题,我们又何尝不可以说,学习始于问题呢?

　　我们常说,提出问题往往比解决问题还要难,其价值也往往更大。善于提问,敢于提问,正是孔子等先哲留给我们的一份极为珍贵的遗产。

　　我们着手策划这套有关前贤先哲的丛书的时候,孔子等先哲倡导的

"提问"思维模式一下激活了我们这些后学的思维。先哲们的思想是不朽的。为何不把先哲请到"前台"进行访谈呢？他们的身世如何？他们是怎么生活和学习的？为了传播学说，他们又是怎样远行千里的？说是学习，他们有没有实际意义上的课堂？他们手里捧着的又是何种意义上的"书本"？他们四处游说的学术主旨是什么？……甚至他们穿的服饰、吃的食品、驾的车辆都会在我们的心头形成一个个有情有趣、有滋有味的问题。

有鉴于此，我们将这套丛书取名为"提问诸子丛书"。这里有跨越时空的对话、通俗流畅的语言、富含哲理的剖析、见解独特的解说、图文并茂的装帧、考之有据的典章、实地拍摄的文物图片。我们所做的一切，都是冀望读者能喜欢这套独具特色的图书。

2010 年春于杭州

目 录

前　言

　　如果说孔子是中国历史的"形象代言人"，那么，老子则是中华民族智慧的化身。孔子是"述而不作"，老子则是又"述"又"作"，"述"中有"作"。他撰写的《道德经》，可以说是阅尽人间春色后留存下来的中华民族智慧的深厚积淀。《道德经》的"道"通"导"，"德"是金文"直"和"心"的合成字，也就是"正道"之意。正像古希腊哲学家苏格拉底把自己的学说称为"引产术"一样，老子把自己的哲学体系看成是引导大众走上正道的学问。由此可见，尽管远隔万水千山，音信难通，古代中西哲人的心是相通的，他们所表达的终极观念是一致的。

　　《左传》记载：昭公三十二年（前510年），赵简子与史墨在论及鲁国"季氏出其君"现象时，引用了《诗经》中的两句诗："高岸为谷，深谷为陵。"其意是说，原先的高山变成深谷，原先的深谷变成高山。老子正是处在这样一个天翻地覆、风起云涌的大时代。兼具哲人和诗人气质的老子，面对纷繁的世事和炎凉的世态，决然选择了西行出关，其意显然是欲借助山间的青石和溪水来砥砺自己思辨的"解剖刀"，给天、地、人以一个更完美、更简洁的解答。他自喻为一个穿着粗布服、怀抱美玉的有道圣人。"知我者希，则我者贵"（《老子·七十章》），意思是说，虽然了解我的人是那么稀少，但一旦人们接受我的学说，就会产生十分宝贵的功效。历史已经证明，老子说的是有道理的。

老子留给我们的是民族的智慧，一种非同一般的大智大慧。如果说孔子的身上总是散发着"不知老之将至"的青春气息的话，那么老子的所言所为，给我们印象最深的是一个庄重而厚实的"老"字。他出生在以长寿闻名的老氏家族之中，这个家族中的诸多人物，在史书中都被尊称为"老子"。这样看来，"老子"并不是作为《道德经》一书作者的那个老子的专称。这个老子是不是真姓"老"，也成了古今学者一直不倦深究的热门课题。当然，我们要说的这位老子年岁之老迈、学术之老到、处世之老成、言辞之老辣，那是有目共睹的。

两千多年来，在老子身上，真有做不尽的"老"字文章啊！

孔子给人一种明快而清晰的感觉。孔子是"透明"的，我们一眼就能看出他在想什么和他要说什么。孔子不反对"文"，主张"文质彬彬"，主张外观与内在的统一，但对过分"文饰"不予认同。而您呢，什么都在云遮雾障之中，您说的、您做的，常常会让人觉得很困惑，甚至让人感到莫名其妙。您给人一种模糊和高深莫测的感觉。说您是个"神秘兮兮"的人物，您能接受吗？

孔子铜像

老子：说我是"神秘兮兮"人物？可以，可以！而我要告诉你们的是，神秘不一定是坏事，这种神秘感正是我的大智慧的体现。我在《老子》首句中就说道："道可道，非常道。"很多道理用简单的语言是说不明白的，你得自己去体会，去探究。我的意思是"道"不可道，"道"只可意会，不可言传，得"道"的人在于心领神会，这在你们看来就有点"神秘兮兮"了吧。在世俗人的眼里，超凡脱俗的人都是"神秘兮兮"的。是不是这样啊？

其实，大千世界本身就是神秘的，这正是它的魅力之所在。大家是否注意到，我在《老子》一书中，喜欢用一个"神"字，"神"本身含有"神秘"之意。"天下神器，不可为也。为者败之，执者失之。"（《老子·二十九章》）其意是说，天下本身是一种神秘和神妙的器物，不容人随意摆弄。摆弄它，会把它搞坏；把持它，相反会失去它。我的神秘源于世界本身的神妙。"道之为物，惟恍惟惚。惚兮恍兮，其中有象。恍兮惚兮，其中有物。"（《老子·二十一章》）人的认识是相对的、有限的，面对"惟恍惟惚"的世界，过分绝对，过分明白，反而是不真实的。神秘在一定程度上反映了客观世界以及人对客观世界认识的真实状况。

安徽铸客鼎

铸客大鼎现藏于安徽省博物馆，是东周时期楚国铸造的青铜礼器，重四百公斤，高一百一十三厘米，口径八十七厘米，腹围二百九十厘米。气势雄伟，端重古朴，大小和重量仅次于司母戊大方鼎。于1933年从安徽寿县朱家集李三孤堆出土。

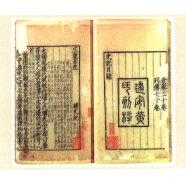

我们在司马迁的《史记》中似乎也能感受到您的这种神秘感。一篇短短数百字的传记，用了那么多个"或"字。"或"者，不肯定也，也许也，疑惑也。这说明司马迁对您老先生也没有琢磨透，是不是这样呢？

《史记》书影

老子：大概是这样吧！司马迁写着写着，感到没有把握，就用"或"字来表明他的迷惑和不解。其实，越是这样做，越是让后世读书人弄不明白。作为智者的读书人都弄不明白，其他人就更弄不明白了。司马迁甚至连"老子是谁"这个写人物传记最基本的要素都回答不了，他只是说"或曰儋即老子，或曰非也"，"或曰老莱子亦楚人也"。与我老子一样"无为自化、清静自正"的还有一个叫李耳的人，他是怎么回事，司马迁也说不清楚，只能用"或曰"来交代。连我姓什么名什么都弄不清楚，就匆匆忙忙写我的传记，其实，我看司马迁本人就是一位"神秘兮兮"的人物。

司母戊鼎及司母戊鼎铭文

商王为纪念死去的母亲"戊"而制作。老子作为殷商后人，深受殷商文化影响。其"贵阴守柔"思想源自殷商"重母重妇"文化风俗；高深而丰富的修道理论，源自商代的"巫文化"。

这种"神秘兮兮",也许是您自己造成的。孔子说"君子坦荡荡",可您不信那一套,您什么都遮遮掩掩的,叫人怎么准确把握?就拿您姓名来说,您从来没在正式场合明示过,人们当然只能凭想象"或曰"了,是不是这样呢?

老子: 也不完全是这样。中华大地那么辽阔,

司马迁像

南北东西的习俗差异很大,在一个地方的人认为很平常的事,在另一个地方的人看来也许有点儿"神秘兮兮"的。我生在楚地,对生长在中原一带的司马迁来说有些事也许会感到比较陌生吧。比如说,"老子"这个名字,在我们那里,既可以是对个人的称谓,也可以是对一个家族中人的统称。中原人不了解这一情况,就难以理解,于是只能以"或曰"解释了。实际上,我出生在一个特殊的老氏家族中。为何称"老"氏家族?原来,在我生活的那个年代有以"所居地域"为姓的,有以"所事职责"为姓的,我们这个家族是以"寿考"为姓的。我们家族中人,都是长寿者,那么"老"了还都健健康康活着,久而久之,就被人称为"老"族了。后来,就干脆以"老"为姓了。

涡阳九龙井

相传老子出生时,"万鹤翔空,九龙吐水,以浴圣姿,龙出之处,因成九井"。除了传说中的"九龙"神话,在众多的典籍方志中也有老子出生地确实存有九井的记载。杨守敬《水经注疏》云:"北侧老君庙,庙东院有九眼井焉。"

司马迁在《史记》一书中，说您活了"百有六十余岁，或言两百余岁"，难道您比数千年后的后世之人更长寿吗？

孔子像

孔子多次专程去向老子讨教，老子对孔子儒家学派思想的形成产生了一定的影响。《老子》中"道"共出现七十多次，受老子的影响，孔子著作中也推崇"道"。据统计，《论语》中，出现"道"字有四十七处之多，如"朝闻道，夕死可矣"等，足见老子对孔子的影响。老子以天道言人事的观点，在孔子那里难以找到，而在《老子》中则表现得清清楚楚。

老子：我那个时代的人平均寿命只有三十多岁，有道是"人过四十不为夭"，能活到四十岁那就不算"短命鬼"了。像孔子那样活到七十多岁的人是很少的。我清静无为，又善于"修道而养寿"，再比孔子多活十来岁，就算是个奇迹了，哪能活到两百来岁？事实证明，就是我身后数千年，也没有人活到两百余岁！司马迁那么写，凭的不是证据，可能就是坊间的传闻，用现在的话说，就是"小道消息"。小道消息当然是靠不住的，你们怎么能相信呢？

涡阳九井之一：春秋井

《初学记》七引《赖乡记》说，老子庙中有九井，汲一井，余水皆动。《亳州志》也载："世传老子始生，九龙吐水。"其他如《括地志》《涡阳县志》等也均有关于九龙井的记载。此外在天静宫遗址出土文物中有元至顺三年翰林张起岩撰文的"敕建天静宫兴造碑"，碑文证实老子确实出生在天静宫流星园，"园内有九井"，与《大明一统志》和《大清一统志》记载相符，再次证实了老子出生地的确有九井。因此，九龙井成了老子出生地的特有标志，九龙井的存在已经成为老子出生地的一项重要证据。

那样说来，说您活到两百来岁，全是忽悠人的谎话了？司马迁所著的《史记》是信史，怎么也忽悠人呢？

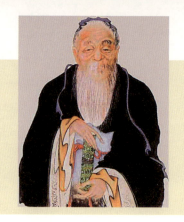

老子：也不完全是这样。说忽悠人，言重了。司马迁有什么必要忽悠人？从人品到文品，司马迁都不会忽悠人。"忽悠"是一种故意，近于诈骗。我想，对太史公司马迁来说，那只是记忆上的错误，或者说是认知上的错位。从主观上讲，司马迁还是认真的，他写了那么多"或曰"，正说明他治学严谨，落笔谨慎。"或曰"本身有让后代人去考证的意思，体现了一种诚实的态度。

老子像

"上善池"碑

立于楼观台说经台前八角亭。隶书"上善池"，取"上善若水"之意，为元代赵孟頫所书。

我们很想请教一下，这"认知上的错位"到底是怎么回事？

老子石像

此为司马光赞颂的老子石像。石像高一米多，呈坐势。老子头挽道士发髻，两手相合，面容肃穆。相传司马光为其赋诗云："既说谁之子，复言象帝先。自分天地后，有圣总师传。"

老子庙

兴造于元代的天静宫老子庙至今还在，在涡河北岸，"涡水处其阳"；庙旁的武家河（古谷水）注入涡水之中。庙中九口春秋时代的古井，在田野考古中出土。

老子：且听我慢慢道来。上面说了，我们这个家族中的人都很长寿，因此被人称为"老子"并书之竹帛的，不是我一个人，可以说是一个群体吧。在当时条件下，由于相对比较闭塞，能看到文字资料的人不是很多，尤其是对人的年龄记录得不够精确，在一定条件下，会把我们家族中某一名人的事（包括年龄），"嫁接"到另一名人的身上去——我再说一遍，那可不是故意的，当然更谈不上忽悠人了。

春秋战国之交，除我之外，也有其他叫"老子"的人，像孔子死后百余年的一位太史儋，以及与子夏同游的段干木。把这中间某一老氏名人的年龄"嫁接"到另一老氏名人身上，不就有两百来岁了吗？而那样做，在当时的社会条件下是极有可能的。要一个没有多少文化的人说他奶奶的奶奶的年龄，能说得清吗？未必！

有关您出生的时代，近现代学者也有不同说法：一说您是春秋末年的人，比孔子早些；一说您是战国中前期人，应该比孟子早，比墨子晚；一说您是战国末期人，比庄子晚。我们认为，从现代出土文物材料来看，您是春秋末期的人似乎最合理，是这样吗？

老子：这是文献记载不一致留下的歧义。不过，"孔子问礼"的记载是最可靠的，多种文献上都有记载，可视为信史。由此事推导，可以较为准确地了解我的生活年代。"问礼"的时间大约在公元前6世纪末到公元前5世纪早期，这不正说明我是春秋末期的人吗？当时，我的名声好像比孔子更大，于是，他多次来向我请教"礼"的问题。他一路上想象我到底是怎样一个人，风尘仆仆地从鲁国山东曲阜来到周王都城，那都是春秋末期的事。我比孔子"老"些，但我们大致上还是属于同时代的人。

天静宫脊

清雍正五年（1727年）洛阳县令郭朝鼎立碑，碑额篆"重修文庙碑记"，刻"孔子入周问礼乐至此"九个大字，记载了春秋鲁昭公二十四年孔子自鲁至周观"先王之制"，考"礼乐之源"和"道德之归"诸事。这也可以看做我生于春秋末期的一个物证。

老君殿

天静宫老君殿，按宋代规制修复，九脊重檐，堪称中国道观第一殿。

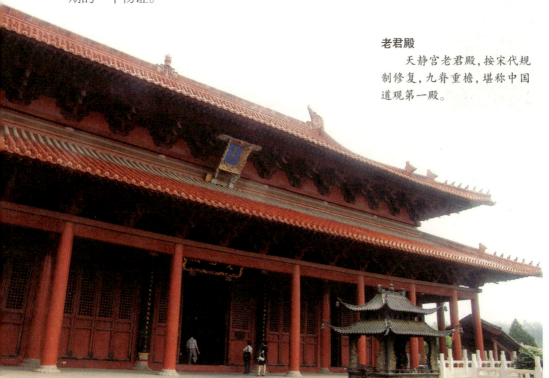

您能不能把这种有趣的年龄"嫁接"法作一比较合乎情理的设想?

彭祖像

老子对彭祖推崇备至。老子、庄子、荀子、吕不韦等先秦思想家都有关于彭祖的言论。《庄子·刻意》曾把彭祖作为导引养形之人的代表人物。葛洪在《抱朴子》一书中说八百岁是彭祖出走世俗社会时的年龄,后彭祖得道成仙。在人们心目中,彭祖是一位仙人。到了西汉,刘向《列仙传》把彭祖列入仙界,并称为列仙。

老子: 完全可以。比如说,我比孔子大十来岁,我至少活到了八十岁。而那个与孔子的学生子夏同游的段干木,世人也称他为老子。子夏姓卜,名商,比孔子小四十四岁,据说当过魏文侯老师,那他是高寿的,应该活了八九十岁吧。我们假定同游的段干木也是高寿的。把我这个老子的寿数,加上段干木这个老子的寿数,不就是司马迁说的"百有六十余岁"了吗? 还有,假如把我与"自孔子死后百二十九年之周太史儋"那个老子的寿数相加,不就成"两百余岁"了吗?

要知道,后世还有人说我活了一千余岁呢,那是把我与楚人的先祖老彭那个老子的寿数加在一起了。这些都不奇怪,因为直到秦代,人们对年龄的记忆都还是个约数,并不像后人那么精确。

老子铜像

天静宫老君殿内屹立着三尊青铜像,老子铜像居中,高五点五米,重六吨,系国内最大的老子铜像。两侧为尹喜和东华帝君铜像。

清静无为

据说，你们这个族的人，还有体貌上的明显特征，那就是耳朵特别大，于是又有了老聃的别名，是不是这样呢？

老子：《山海经·大荒北经》中说到，有一个"儋耳之国"。郭璞注云："儋耳，其人耳大下儋，垂于肩上。""儋"字，在古代音义全同于"聃"。《山海经·大荒北经》中说的"儋耳之国"应该指的就是我们这个家族了（当时国的概念有时与族的概念是相通的）。《史记》中说我"身长八尺八寸，黄色美眉，长耳大目"，"鼻有双柱，耳有三门"，这不仅是我的体貌特征，也是我所在的这个家族的体貌体征，所以非我族类的人看到我们这一族的人称我们为"老聃"，也是很自然的了。至于大耳有怎样的象征意义，那就很难说了。

《山海经》书影

《山海经·大荒北经》中说，有一个"儋耳之国"。郭璞注云："儋耳，其人耳大下儋，垂于肩上。"

老子像（福建清源山）

禹帝像

《史记》上说您"姓李氏,名耳,字聃",既然说您姓"老",又怎么突然姓起"李"来了呢?这又是怎么回事?

老子:那是司马迁弄错了。古时候,包括我生活的那个时代,是没有"李"姓的,只有"老"姓。《风俗通义》说:"老氏,颛顼子老童之后。"春秋近三百年间,只有老氏,没有李氏。到了战国时代,大约老氏中的一支改姓了李,"老"与"李"音、形、义都相通,开始也许是笔误所致吧。这时才有李悝、李克、李牧这样一些名人出现。说我"姓李氏",是把司马迁那个时代的姓氏"移植"到我那个时代了,说句笑话,这应算是"'老'冠'李'戴"吧!

安徽涡阳李母墓

既然先生的先世是颛顼帝之子老童，那么不管后世如何破落，也与出生在寻常百姓家的人很不相同了。《史记》说您是"周守藏室之史"，这是一个怎样的职务呢？

老子：你说对了。我祖上就有天官之职，管天文，管占星，天人相通，实际上当然也掌管人文典籍。"守藏室之史"主掌天文，兼管图书。当然，这有一个过程，初设天官时，主要研究天象，以天象来影射人事，后来渐渐地重在研读人文典籍，成为掌管皇家图书的最高长官了。在文化不发达的古代，皇家图书馆馆长，是个十分荣耀、工作又十分辛苦的职务。因为国家的文化都在守藏室中"藏"着呢！守藏室之史对天文、人事都有解释权。因此，古时帝王对守藏室之史常常以师礼相待。天官是我们家族的世传职务。

颛顼帝像

河南鹿邑先天太后墓

您说老氏家族世掌天官，守藏室之史是老氏家族的世传职务，有什么确凿的证据吗？

《吕氏春秋》书影

《吕氏春秋·本味》中说："伯阳盖老子也，舜时师也。"这里说的舜时的老子，显然是指老子的先祖。

老子：证据是有的，在一些有史料价值的典籍中我们可以看到"蛛丝马迹"。《吕氏春秋·本味》中说："伯阳盖老子也，舜时师也。"这里说的舜时的老子，显然是指我的先祖。他是舜的"师"，实际上还是天官，还是"守藏室之史"。殷商"老族"中最为知名的还有彭祖，世人也称之为老子。他曾仕商，任太史，也就是"守藏室之史"。彭祖以高寿著称，传说活了八百多岁，入周后任"柱下史"。职务名称改了，实质是一样的，还是管理国家的图书档案以及社祭、礼仪等事务。西周末年，有个著名的太史叫伯阳父，人们也称之为老子。他看到幽王得褒姒而不理朝政，就预言："周亡矣！"于是，决心远离政治，过隐居生活。我想说明的是，守藏室之史也可简称为史官，是我们这个老氏家族的世传职务。

太清宫，又分前后两宫，前宫叫大清宫，祀老子；后宫叫洞霄宫，祀李母

令人不解的是，您这个天官世家是研究天象的，怎么又成了礼学大师呢？这不是有点儿风马牛不相及吗？

二十八宿神图（局部）

老子：古来史官主于兰台。兰台，又叫作灵台，也就是观天之台、通天之台。"通天"是什么意思呢？就是通天上星座的行动次序，也可以叫天礼吧！"星"各按自己的"期"运行，这是天之礼。当然，"通天"还是虚的，它必须与实的"通人"结合起来，这就要学祭祀、人礼。后来人们越来越重视人礼，这样天官反而成了主管礼学的官僚了。孔子到周地专门来向我学礼，就是因为我是礼的专家。为了教化，天官还得整理王家的图书档案。总之，这个职务不是直接参与国家的政治，只是一个咨询性的机构，它的主管人发表言论时比较宏阔、超脱，日常也不管理具体的事务，相当于一个思想文化机构。这是个出思想的地方，也是出精神产品的地方。到后来，王室势力削弱，这个机构便显得可有可无了。但有思想的守藏室之史，正好利用这个机会思考许多富有哲理的问题。

天官这个职务对我们家族来说实在太重要了。天官主张顺天道而行事。因此，在思想上比较宏阔，在观念上崇尚自然。"以虚无为本，以因循为用。"（司马谈《论六家要旨》）因此，我们这个老氏家族的人，在世界观上是自然主义的，主张因循和顺应大自然这只"看不见的手"，由此派生出"无为而无不为"的思想。

孔子见老子壁画（东平汉墓出土）

从因循自然、崇尚自由角度看，您常常表现出"出世"，即对世俗之事排斥和不关注的思想倾向；从"时有愤辞"，并"仍欲平治天下"（鲁迅评老子言）角度看，您又表现出"入世"。您似乎一生就是在"出世"与"入世"之间无休止地徘徊。您赞同这一观点吗？

青铜天官像

老子：看来你们是特别了解我的人，这一观点有一定道理。天官这个职务本身具有"出世"与"入世"双重色彩。研究太空世界，本身就有"出世"的倾向，与世俗社会几乎一点关系也没有。而探究人事，尤其是探究人礼，那势必是"入世"的了。一个人生活在世界上，哪能完完全全"出世"呢？"出世"是一种脱离世间束缚的现象，"入世"才是本质。或者说，"出世"只是"入世"的一种方式。我是要世人用"出世"的态度来处理事务，大家都"出世"了，都无欲了，"不欲以静，天下将自定"（《老子·三十七章》）。所以，我追求的最终目标还是挺"入世"的，想的还是"天下事"、"人间事"，而不是"天上事"。

老子像拓片（唐代吴道子画）

既然守藏室之史（柱下史）是世袭的，那老一代史官为了传承的需要，一定会非常重视下一代人的个人修养，为此，延请名师就显得十分必要了，是这样吗？

老子：的确，当时延请一位名师就显得十分必要。我父亲为我延请的名师叫商容，大概是商的王室后裔吧！《淮南子·主术训》中提到过商容，高诱加注道："商容，殷之贤人，老子师。"《淮南子·缪称训》中说："老子学商容，见舌而知守柔矣。"商容对我进行的是一种无言之教。他张开嘴，吐出舌头，问我："嘴里有些什么？"我说："有舌，有牙。"先生问："舌与牙，哪个更刚强些？"我说："牙。"先生再一次张开嘴："那牙的确是刚强，但你看看，现在我嘴里有什么？"我一看，先生嘴中的牙不多了，就答道："先生老了，牙不多了。"先生不再说什么了，要我自己去想，去琢磨。

我想了很久，最后想通了。我明白了：人为了生活，要有利齿，那是刚；但那还不够，还得有柔软的舌头，那是柔。从一定意义上讲，柔比刚更重要，也更久远。柔道是久远之道，是生存之道，是永固之道。我从商容先生那里学得的就是"守柔"之道。守住了这个"柔"字，什么都好办了。这一思想后来成了《老子》的主导思想。

《淮南子》书影

汉代的《淮南子》一书，内容十分庞杂，但其基本思想，仍然是黄老学思想。正像高诱所说的："(淮南子)旨近老子，淡泊无为，蹈虚守静。"在老子的天道观基础上，《淮南子》作者形成了独特的天文观。

太清宫"柱下史"之柱

此和老君台铁柱一样，是"柱下史"之柱，是纪念老子之物。"柱下史"是对老子的尊称，老子曾任周朝史官，在朝堂上做大事记录。古代天子尊贵无比，朝廷议事只有天子一人坐着，百官皆肃立阶下。为了书写方便，周天子允许老子倚在殿内的柱子上记事，所以后人称老子为"柱下史"。后人在建庙时就在庙中立一铁柱以示纪念，后来道教将老子尊为始祖，道士们便把铁柱缩小为发簪插在头上，表示对老子的虔诚和尊敬。

您生平的"神秘"色彩又引发了您的故里之争，主要是两种说法：一说是河南鹿邑，一说是安徽涡阳。媒体有这样的报道：1990年6月，鹿邑县太清宫镇迎来一位远道而来的客人——台北中华道教学院的马炳文（祖籍涡阳）。回去后他写信说："能来老子诞生地朝拜始祖，一生光荣。"过了五个月他又写信称，经他考察，老子出生在涡阳的根据比鹿邑还多。由此，引出了一场有关您故里的争论。您怎么看待这场争论呢？

汉桓帝像

老子：有争论不足为怪，现代不是出现了众多有关名人故里的争论吗？如舜故里之争、姜子牙故里之争、皇甫谧故里之争、诸葛亮故里之争以及西施故里之争、花木兰故里之争等等，纷纷扰扰，你方唱罢我登场。若把这些名人故里之争，一概视为经济利益之争，也不妥。这里包含了故里民众对先祖先民的敬仰，而且各方确实也持有大量的文物、文献作为佐证。

出现有关我故里的争论也是正常的。因为一方面留给后人的有关我生平的文献记载不详，另一方面我当时游说的地方也不算少，在涡阳、鹿邑等地都留下了我的足迹，都有纪念我的场所遗存。另外，历代的地理划分不断变化，因此出现我故里的争论是自然的。故乡人们对我的厚爱，我深为感动。涡阳、鹿邑是邻近县，两地直线距离不过八十公里，都是我活动的地方。鹿邑存有不少后人纪念我的碑文。天静宫位于涡阳县闸北镇郑店村，史志记载，东汉延熹八年（165年），桓帝刘志派中常侍管霸所建，初名为老子庙。在郑店村的武家河畔进行挖掘，又先后找到九口水井，挖出十余块碑记及大量汉砖、瓷器等文物，也是有力的物证。我在《老子》中说"人之道，为而不争"，又说"天之道，不争而善胜"，对我这个力主"不争"的人的故里，争来争去实在没什么意义。安徽涡阳与河南鹿邑，同居道家文化发祥地涡河两岸，实为美事。说两地都是我的故里，对文化的传承只有好处，没什么坏处。

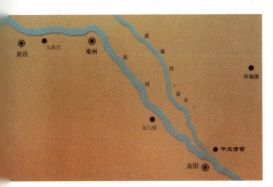

涡河两岸示意图

从世代为天官的角度看,《老子》一书不会是您一个人的创作成果吧?

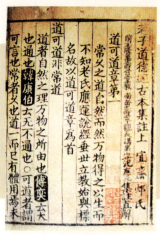

《老子道德经古本集注》书影
（宋范应元撰，宋刻本）

老子: 我上面说了,思想、智慧都有一个不断发展、积淀的过程。一部《老子》讲天道,讲地道,讲人道,一个人能懂得多少? 十几代到几十代人不断总结,才能有真正意义上的智慧极品问世。我家世为天官,天官始设于商周时期,主持天文,兼事人文,名义上为百官之首,实则主理文化。由此可作这样的推断,《老子》的草创大约在商周之间,那时,先人有了心得,就记下来。后来越积越多,到老氏家族我这一辈,条件成熟了,就形成了这本书。这是一本为世人提供智慧极品的书,我不敢说是我一个人创作的。

《老子道德经义疏》书影（唐初写本，现存于英国国家图书馆）

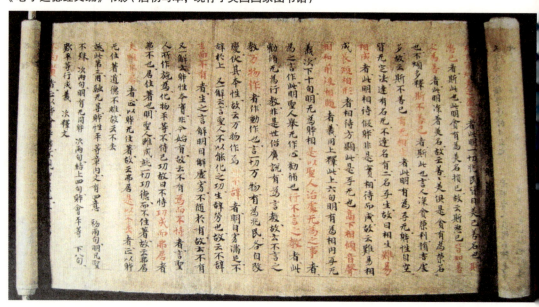

《老子》第一章（传为《黄石公素书》）

说到您的家族为世人提供智慧极品问题，我想到了对"老"的进一步理解。你们家族的人不仅在长寿上比常人"老"，思想也"老"得很——也就是学术上的老到、处世上的老成、言辞上的老辣。您能就这三个方面谈一谈吗?

老子：我先说一说学术上的老到吧。整部《老子》就五千言，是诸子作品中篇幅最短小的，但它又是学术味最浓的一部大作。当时著述中有一种体裁用词特别简约，寓意特别深刻，后人称之为"经"体。说《老子》一书是《道德经》就是从"经"体角度讲的。"道大，天大，地大，人大"，这"四大"把宇宙万事万物全都囊括其中了。"人法地，地法天，天法道，道法自然"，这"四法"又把宇宙万物间的关系演绎穷尽了。《老子》学术上系统老到，论述上滴水不漏，因此，后世学者认为只有同样仅有五千言的《易经》可以与之媲美。这不是没有道理的。

老子出关图（壁画局部）
选自涡阳县东岳庙古代壁画考释卷《老子出关图》（潘子丰、任晓锋编著，上海人民出版社出版）。

您在《老子·八章》中说："居善地，心善渊，与善仁，言善信，正善治，事善能，动善时。"南怀瑾称之为"为人处世的七项原则"，在处世哲理上，您的确有独到的见解，单就七个"善"字，就让人浮想联翩。对此，您可以解释一下吗？

《老子·八章》书影

老子：不用具体解释了，我只是特别提醒各位，这里的要领在于一个"善"字。"善"有多种意思，这里应解释为"妥善"。妥善，就是要把自己放在应该放的位子上，不要去争，也不要去压制别人，这样人际关系怎么会处理不好呢？这里的"妥善"讲了七条——居住地要选择得妥善；心气平和要妥善；与他人交往要妥善；出言守信要妥善；谋求治理要妥善；发挥才干要妥善；选择时机要妥善。这里高明就高明在讲的是处世，而谈的是个人修养。

老子出关之天界（壁画局部）
选自涡阳县东岳庙古代壁画考释卷《老子出关图》（潘子丰、任晓锋编著，上海人民出版社出版）。

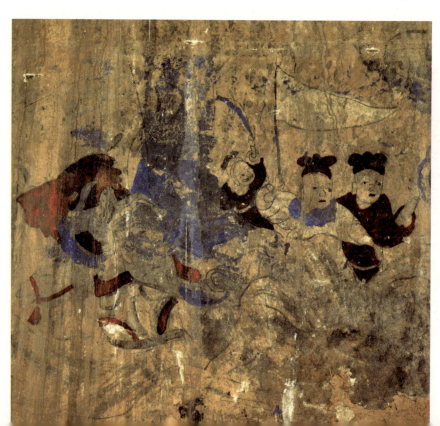

《老子》五千言可以说句句是隽语,句句都蕴涵了深刻的哲理,其语言之老辣,是很少见的。这应该说也是您对后世的一大贡献吧?

"为而不争"横匾

老子: 如前所述,绝对不能说是我老子一人的贡献,应该说是我老氏家族几十代人的集体贡献,更确切地说是广大群众的贡献。比如,我在第八章中说的"上善若水,水善利万物而不争",这里是讲最有修养的人好像水,水善于滋养万物而不与一切争。此为数千年中华文化的结晶。千百年来,人们一直以水喻民,以水喻政,以水喻文,经过千锤百炼,才有了我在第八章中的那句话。群众才是炼字、炼句的真正圣人。这样看来,我不仅集中了老氏家族的智慧,而且集中了广大群众的智慧、民族的智慧。没有群众的智慧,也就不会有《老子》。

鹿邑老子文化广场

《老子》是一部体现民族智慧的伟大哲学著作，那是谁都不会怀疑的，可是，后世有不少人读了大作后说，这还是部了不起的兵书。比如，毛泽东就说："它（《老子》）对春秋战国时期社会大变革的一些现象，特别是战争的规律作了概括和总结，所以它也是一部兵书。"（参见马叙伦《老子校诂》1974年版前言引文）把该书归入兵书类，先生您认为是否妥当？

马叙伦像

老子：这个问题以前大家可能都没注意到，其实，言兵是《老子》的重要内容和主旨之一。春秋时期，战争频繁，数百年间，几乎年年有战事、处处有战事。"师之所处，荆棘生焉。大军之后，必有凶年。"（《老子·三十章》）战争意味着流血，意味着死亡，意味着灾难，意味着文明被践踏。我是彻底的反战派。在《老子》一书中，第三十章、第三十一章、第三十六章、第五十七章、第六十八章、第六十九章，几乎都是论兵的，其他各章也都渗透着反战精神，说这是一部兵书，一点儿也不过分。春秋战国时期言兵的论著中，可以与我比肩的，大概只有《孙子兵法》和《墨子》。

回望圣母图（壁画局部）

选自涡阳县东岳庙古代壁画考释卷《老子出关图》（潘子丰、任晓锋编著，上海人民出版社出版）。壁画中的道童回望老子母亲"圣母元君"，甚为传神。

可是，像《孙子兵法》这样典型的兵书，都是既讲战略，又讲战术的，而且具体到对某些战役的评价和分析，而您在《老子》一书中根本没有这样做。能告诉我们您这部兵书的特色吗？

孙武像及《十一家注孙子》书影

老子： 不知你们是否注意到了毛泽东的提法。他是说《老子》一书对"战争的规律作了概括和总结"。请注意，我在书中说的都是宏观的、根本性的，又是极为重要的内容。上面引述的"师之所处，荆棘生焉。大军之后，必有凶年"，讲的就是一种规律性的东西，意思是说军队驻扎的地方，会生出荆棘；战争过后，一定会出现荒年。从根本上说，战争不会有真正的胜利者，它只能带来灾难，战争对双方都没有好处。我说的"夫乐杀人者，则不可以得志于天下矣"（《老子·三十一章》）指的也是一种规律。看一下历史书，哪一个"乐杀人者"事业会长久呢？被世人誉为"柔弱胜刚强"的"铁律"的那几句话，更是千古不易："将欲歙之，必固张之；将欲弱之，必固强之；将欲废之，必固兴之；将欲夺之，必固与之。"（《老子·三十六章》）这里讲了"柔弱胜刚强"的阴柔智慧：想要它收缩，一定先让它张开；想要削弱它，一定先让它强大；想要废除它，一定先让它兴盛；想要夺取它，一定先给予它。我还说"抗兵相加，哀者胜矣"（《老子·六十九章》）。"哀兵必胜"的大原则可以说在军事史上屡试不爽。

四神图（壁画局部）

选自涡阳县东岳庙古代壁画考释卷《老子出关图》（潘子丰、任晓锋编著，上海人民出版社出版）。壁画中绘有天界之雷、电、风、雨四神。

有人说《老子》一书是兵谋权术之宗，历史上有谁是读了您的书而深明兵家权谋之理，从而成为大战略家的呢？

老子：翻开史书，晚周之际我老氏家族中就有武将，他们运用老氏家传的兵家思想，成就了事业。三国时期，活跃于历史舞台而成就事业者，大多运用了我的战术思想。尤其是曹操、司马懿这些大军事家，都从《老子》中学到了兵谋权术之真传。曹操战袁绍、司马懿战诸葛孔明，都遵循了"将欲夺之，必固与之"原则。诸葛孔明要与司马懿决战，司马懿就是坚守不出，诸葛孔明说司马懿像妇人一样怯懦，并送给他妇人之服，以此激他、辱他，可是司马懿根本不为所动，"必固与之"的精神体现得淋漓尽致。后世有人说，历史上如果没有《老子》这部书，就不会有曹操、司马懿这样的军事家，此话有理。实际上，就历史事实而言，司马懿比诸葛孔明更懂得兵法，也更高明，更懂得《老子》的精粹。

曹操像
　　曹操、司马懿这些大军事家，都从《老子》那里学到了兵谋权术之真传。

圣母图（壁画局部）
　　选自涡阳县东岳庙古代壁画考释卷《老子出关图》（潘子丰、任晓锋编著，上海人民出版社出版）。

清代的思想家魏源写过一本《老子本义》，认为《老子》是一本"救世之书"，这很有道理。如果换个角度看，我们觉得《老子》从一定意义上讲，是一本教人们如何获得"人生成功"的书。人们常有"一字千金"之说，殊不知《老子》中一字胜过千金。这里的学问太大了。从"怎样获得人生成功"这个问题就可以演绎出很多有价值的现代启示。我们可以这样说吗？

魏源像

清代的魏源对老子之学很感兴趣，他对历史上那些研究老子思想的人进行对照，发现了一个有趣的现象——这些人都没有全面地发挥老子的学说，而是各取所需，各有侧重。

老子： 可以这样说。要成功，首先就要找到通向成功的路，这就是"道"。后人对于"道""路"体会得深刻极了。人生有正道和邪道之分，有白道和黑道之分。要成功，就要走正道。我所说的"虚其心，实其腹，弱其志，强其骨"（《老子·三章》）就是治国之道；"金玉满堂，莫之能守；富贵而骄，自遗其咎"（《老子·九章》）就是守身之道；"常善救人，故无弃人"（《老子·二十七章》）就是处世之道；"不以兵强天下"（《老子·三十章》）就是用兵之道；"不失其所者久，死而不亡者寿"（《老子·三十三章》）就是长寿之道。这些道理大致描绘了一张成功路线图。

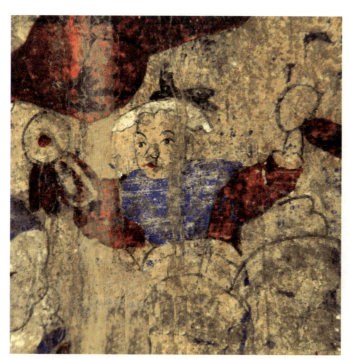

电母图（壁画局部）

选自涡阳县东岳庙古代壁画考释卷《老子出关图》（潘子丰、任晓锋编著，上海人民出版社出版）。电母又称"金光圣母"，是神话传说中雷公的妻子，主要掌管闪电。电母之称最迟出现在宋代。

您的一生似乎可以分为前后两个时期，前期很清楚，那就是在守藏室中当研究员的岁月，至少在六十来岁前都是那样生活的吧。后半生过的是"自隐"生活，《史记》上有那么一段话："老子修道德，其学以自隐无名为务。居周久之，见周之衰，乃遂去。"说您"去"了，您到哪里去了呢？

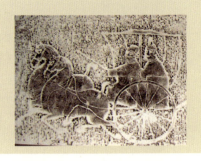

孔子见老子车骑出行图（东汉画像石局部）

老子：这段话说明我不是个彻底的"桃花源"中人，我还是很关注周之兴衰的。"见周之衰"，认为周不可救药了，才离去。哪里去了？说实话，当年我走的地方不多，但很远，有的学者通过对大量史料的梳理研究和实地走访，探寻出我在甘肃的大体行走路线是：出函谷关，过散关，入甘肃，经游天水、陇西、临洮、兰州、酒泉等地。说我在散关著下《老子》后由关令尹喜相伴西行，我晚年在甘肃临洮落脚，养生修道，得道后在临洮超然台"飞升"。所以，临洮县岳麓山后世留有超然台、说经台、飞升崖、文锋塔等与我有关的遗迹。离世后，子嗣在此繁衍生息。《列仙传》《抱朴子》都说"老子西游"。由于隐居不仕，我骑青牛西出函谷关后"莫知其所终"。我的故里兴建了纪念我的庙堂。唐太宗李世民所修《氏族志》称："李氏凡十三望，以陇西为第一。"后世天下李氏都称我为李姓"太上始祖"。对此，我难道能予以否认吗？

《老子出关图》壁画

发现于涡阳东岳庙。画的上半部分中间是笔画粗犷的祥云云头，表现了老子出关时"紫气浮关"的祥瑞景象。老子身着青衣，面容慈祥，白须白眉，飘然若仙，侧身端坐在健硕的青牛之上。下半部分的右端画有一处房屋，房前站着一个妇人，身着大袖、宽下摆、V字形交领长袍白衣，头部束发披戴头巾，具有春秋时期女性衣着特征。有专家认为，这幅壁画大约绘成于唐代中晚期。

在先生登上隐居之途的过程中，有一则"出关"的故事。说是您出函谷关的时候，关令尹喜要挽留您，但您去意已定，一定要走。尹喜请求"强为我著书"，您就著了《老子》。这个故事很有趣，真的是这样吗？

尹喜像

尹喜又名关尹，周昭王时为函谷关令。善天文秘纬，仰观俯察，莫不洞彻。时任函谷关令的尹喜已知老子学识渊博，心藏大智，便叮嘱下属：如有形貌脱俗之人，不得听任其过关。有传，尹喜还派人洒扫道路，焚点香火，恭候圣人到来。老子行至函谷关，尹喜闻讯，迎至家中，行弟子大礼，再三叩拜，敬请老子留下。但老子不肯。之后尹喜便托病辞官，随老子一起西行，不行俗礼，隐德行仁。老子和尹喜二人在伯阳龙山上筑庵讲道，一住便是好多年。老子日夜著书立德，修行练功，经常把自己的著述和所思所想讲给尹喜听。老子为了使其学说得以广泛传播，将所著《老子》授予尹喜，独自西行，不知去向。

老子：司马迁在《史记·老子韩非列传》中说我出关时，关令尹喜说："子将隐矣，强为我著书。"于是我就写下了"言道德之意五千余言而去"。这是一个美丽的传说，传说故事未必实有其事，但它体现了某种历史的真实性。司马迁所言"见周之衰，乃遂去"一语，指的就是我出关之事。

尹喜墓门

司马迁《史记·老子韩非列传》：老子修道德，其学以自隐无名为务。居周久之，见周之衰，乃遂去。至关，关令尹喜曰："子将隐矣，强为我著书。"于是老子乃著书上下篇，言道德之意五千余言而去，莫知其所终。相传尹喜为报答老子的教诲之恩，嘱咐他的后人将其遗骸葬于老子故里。其墓在天静宫东四里，俗称尹子孤堆。此墓多次被盗，存有巨石墓门两扇。

根据老子授予关令尹喜"言道德之意五千余言而去"的说法，似乎您在隐居前已写成了《老子》一书，到这时只是奉献出来而已，事实真是如此吗？

老子出关铜像（元明时期）

老子： 应该不是那样的。在隐居前，我对周王朝还心存希望，在那种心境下，怎么写得出《老子》那样的篇章？只有对一种社会制度很失望的人，才写得出那样"绝情"的篇章来。《老子》无疑是隐者和无为者的心声。我隐居后还有数十年的岁月，写一部《老子》是不成问题的，况且这绝不是我个人之作，我的先人为我准备了充分的思想养料，我只是加以梳理和润色而已。

老子出关石雕（涡阳）

太极殿里的老子出行图（鹿邑）

鲁迅先生对您是很感兴趣的,他的新编故事《出关》塑造了别具一格的老子形象。老子决意要出关时,说了一句很有意思的话:"我想出去,换换新鲜空气。"这虽是游戏之作中的游戏语言,但我们觉得似乎触及了您灵魂深处的某些东西,您说呢?

鲁迅像

鲁迅是真正读懂了《老子》的,他从老子的"无为"言辞中,读懂了其"无不为"的内心。他说:"然老子之言亦不纯然,戒多言而时有愤辞,尚无为而仍欲治天下,其'无为'者,以欲'无不为'也。"

老子:鲁迅不愧为大师级的作家,他揣摩到了我"西游"时的心态。一般人认为我隐居是心如死灰的表现。不是的,在我看来,进是追求,退也是一种追求。"换换新鲜空气",正好点中了我的精神"穴道"。我隐居后著《老子》,是对"换换新鲜空气"的一种回应。确切地说,"换换新鲜空气"即换种生活方式生活,换种思想方式思想。我的那种空灵而深邃的思想方式,不是一般隐居者所能企及的。

老子出游铜像(鹿邑老子文化广场)

俄国圣彼得堡一位出版家曾问托尔斯泰，世界上哪些作家和思想家对他影响最大。托尔斯泰明确回答道："我受中国的孔子和孟子的影响'很大'，而受老子的影响则是'巨大'。"学界认为国外最早介绍您思想的是托尔斯泰，是这样吗？

老子：托尔斯泰真会说话，他毕竟是位大文豪，一是"很大"，一是"巨大"，只相差一个字，却鲜明地凸显了不同的层次。托尔斯泰与我以及我的思想产生了共鸣，他非常喜爱《老子》，于是开始翻译我的言论，可以说《老子》在俄国的流传，早期他的编译本起了重要作用。但是他还不是最早把《老子》介绍到欧洲的，还有更早的。 1788年，有一位天主教传教士将我的故事以及思想带到了英国，传到之处受到真诚的欢迎。罗马天主教教士波捷首先用拉丁文翻译了《老子》。

托尔斯泰像

当有人问托尔斯泰中国哪位圣贤对他有影响时，他明确回答道："我受中国的孔子和孟子的影响'很大'，而受老子的影响则是'巨大'。"

涡阳老子博物馆

我们到了天下名山，在道观里，就会看到老子像，如果到福建清源山就会看到道教老君岩一个有特大耳朵的老子石刻像。石刻像老子的两只耳朵非常巨大，完全"卡通"化了。为什么在艺术上要这样处理呢？

李白像

天宝三年(744年)的夏天，被玄宗"送金归山"的李白，怀着一颗虔诚的心，一路东行来到向往已久的道祖故里——老子庙。此时离汉代所建老子庙已经五百八十年，李白眼前的老子庙已失去了七十八年前高宗朝谒时的辉煌与壮丽，兵燹战火，风雨侵蚀，使这座原本殿宇巍峨、道气清严的老子庙，变成了一片废墟。李白思绪万千，挥笔写下了《谒老君庙》，用浓重的笔墨描述了当时老子庙的冷落和荒芜，"草合人踪断，尘浓鸟迹深"，寓意当时的黑暗和腐朽。联想到自己虽然和唐王朝同宗同姓，却遭到排斥，李白不由得感叹道："独伤千载后，空余松柏林。"

老子：这是因为后世把我看成圣人的缘故！为什么圣人的耳朵跟别人不一样呢？这里有一定的道理。后人从《说文》作解，认为中国汉字的"圣"字，繁体字书写为"聖"，由"耳""口""王"三字构成。《说文》说："圣，通也。从耳，呈声。"这是说，"圣"字是个形声字，表示圣人之所以为圣人，与耳聪有关，"呈"为"圣"字的读音。不过，初期甲骨文中有的"圣"字写成一个人上面一个大耳朵，似乎告诉人们只要听觉好、耳朵很敏锐就算是圣人了。后期甲骨文中的"圣"字又添上一个"口"，表示圣人不仅听觉要好，而且口才也要好。这就有点圣人无所不通的意思了，后来渐渐就引申为圣人是有最高道德的人。这些解读，是很有意思的。所以，国学大师陈寅恪说过："依照今日训诂学之标准，凡解释一字即是作一部文化史。"我又叫老聃，"聃"就是耳朵大的意思，这就成了以后画家、雕塑家创作的依据。

《老子授经图》(局部，任伯年绘)

1973年长沙马王堆三号汉墓出土了两件帛书《老子》写本，今人分别称为甲本、乙本。马王堆帛书本《老子》与通行本《老子》的最大区别在于《德经》置于《道经》之前。这《道德经》和《德道经》的分歧究竟在哪里？帛书中出现的"万乘之主"等字样，又说明了什么？

老子坐像（宋金漆木雕）

老子：这是个很有意义和价值的问题。现在看来，马王堆帛书《老子》编成于汉初，而现在通行本的《老子》定本于魏晋。前者编书者明显要从《老子》中寻找帝王治国之道，而《德经》偏重于治国的"人道"，因此就将《德经》置于《道经》之前了，形成了所谓的《德道经》。而魏晋时期的玄学家们，更重视"玄之又玄，众妙之门"（《老子·一章》）的"天道"，因此就将《道经》置于《德经》之前了。因为在我那里，"道"和"德"是相通的，所以说两种本子本质上没有太大区别。《老子》成书于春秋末年，后世有所修改，在现存的《老子》一书中出现战国时期的一些痕迹也就不奇怪了。比如帛书《老子》有"万乘之主"等字样，这是战国时期才出现的词语，在春秋时，国君只称"王"不称"主"，可见那是战国时人掺入的词语。当然也有学者认为，在楚人笔下，"主"和"王"是可以通释的，因此不能证明"万乘之主"必定是战国时期用语。

《老子》帛书甲本（长沙马王堆出土）（佚名）

《老子》帛书乙本（长沙马王堆出土）（佚名）

林语堂说过这样的话："我觉得任何一个翻阅《道德经》的人，最初一定会大笑；然后笑他自己竟然会这样笑；最后会觉得现在很需要这种学说。至少，这会是大多数人初读《老子》的反应，我自己就是如此。"林先生如此之笑，有何含义？

林语堂像

林语堂十分看重《道德经》，他认为该书不只在历史上有价值，在当代现实生活中也有实用意义。

老子：这是相隔两千多年的事，我难以猜测。不过，我在落笔之时就讲了，这是我预料中的事，我在《老子·四十一章》这样写："上士闻道，勤而行之；中士闻道，若存若亡；下士闻道，大笑之。不笑不足以为道。"意思是说，"上士"听见"道"，会马上亲身去实践；"中士"听见"道"，会将信将疑地去探索；"下士"听见"道"会大笑。我认为"大笑之"是好事，"不笑不足以为道"，正是因为"下士"的大笑，才显示出"道"的博大精深，也正是"下士"的大笑，使我深思熟虑。再说，"下士"只见"道"的现象而不知本质，浅薄无知而笑，学了不少知识后高兴而笑，这是学道的过程，林语堂的笑，也许就是这样一个过程。

重修残碑（安徽涡阳）

装修道祖老君碑记（安徽涡阳）

关于孔子向您问礼的事,在古籍上有不少记载。关于孔子向您问礼的次数,学界也存在很大分歧,对孔子的年龄记述差异也极大,使不少学者对"孔子问礼"一事产生了怀疑。对此,您怎么看?

孔子见老子图(汉代画像石拓本)

老子:"孔子问礼于老子"是确凿无疑的事,用不着怀疑。由于记载不一,后世又多次发现有关碑刻,不少学者认为,这是孔子多次向我求学问礼所致。有些学者还认为,多次问礼,正说明是一个相互切磋、相互促进的过程,此说是有根据的。文献记载有四次:

第一次是在孔子十七岁时,即鲁昭公七年(前535年),地点在鲁国的巷党。《水经注·渭水注》载:"孔子年十七问礼于老子。"

第二次是在鲁昭公二十四年(前518年),地点在周都洛邑(今洛阳)。《史记·老子韩非列传》有详细的记载,孔子说:"吾今日见老子,其犹龙邪!"这里指的就是这一次。

第三次是孔子五十三岁时,即周敬王二十二年(前498年),地点在一个叫沛的地方。《庄子·天运》有载:"孔子行年五十一而不闻道,乃南之沛见老聃。"

第四次在鹿邑,具体时间不详。在鹿邑县城西街有明代"孔子问礼处"碑刻,由此证明孔子曾从当时的鲁国出发途经现在的亳州安溜镇到鹿邑向我问礼,应该说孔子在鹿邑"问礼于老子"是可信的。

缺图

《史记》(宋刻本)书影

《史记》中有多处关于"孔子问礼于老子"的记载。

　　老子的一大创造就是提出了以"道"为轴心的那个思想体系。在短短的五千言中，"道"字出现七十余次。老子是言"道"的大师，求"道"的始祖，践"道"的真人。

　　"道"，本来是很实在的东西，它一是指道路，人为了到达一定的地方，就得有道可走；二是指道理，为何此路可走，而那道不通，其中有着某种必然之理。可是，"道"之说，经老子一编织，一渲染，变得既精妙，又神秘。尤其那开宗明义的"道可道，非常道"一语，一下子把人们抛进了云里雾里。既然你说"常道"是不可"道"的，那么您老先生还在那里说什么呢？

我们还是要从开宗明义的"道可道，非常道"说起。这里极为重要的是要弄懂先生笔下的"常道"是什么意思。如果连这也没弄清楚，其他一切都谈不上。请先生自己对此作一解释，好吗？

《庄子·骈拇》书影

老子：后世的考古发现有助于对"常道"一词的理解。在帛书《老子》甲乙本上，"常道"均写成"恒道"。可见，在当初我写《老子》和弟子们传抄这本书时，"常""恒"被看做是相通的。常道就是指恒常之道、永恒之道，也就是后来庄子说的"自然之道"。天有自然之道，地有自然之道，人有自然之道，这些都是常道，都是恒道，是不能人为改变的，也是不能违背的，违背了，就会遭殃。

"常道"这个词的发明，本身就是我对世人的一大贡献。在我之前，谁都没有提出过这一概念。"常道"也可以说相当于后世哲学书中所说的道的客观性。后来，庄子在《庄子·骈拇》中说"天下有常然"，进一步明确了所谓"常道"是一种"常然"状态，也就是自然状态，是不能按照人的主观意愿随意改变的。

庄子像

庄子和老子都讲"道"，都主张"天道无为"，但后世学者还是觉得两人之间其实是有很大区别的。朱熹简明扼要地说："老子犹要做事在，庄子却不要做了。"（《朱子语类·卷第一百二十五·老庄》）在"要不要做事"这点上，两人有很大差异。

我们承认提出"常道"这一概念是您的一大贡献，可是，接着您又说"常道"是"不可道"的，这一下子又把我们抛入了云里雾里。请您解释一下其中的道理好吗？

王充像

王充通过对老子道论的研究，得出这样的结论："老子之道，其大宗为天道也。""夫天道自然也，无为。……黄老之家论说天道，得其实矣。"（《论衡》）意思是说，老子对天道的论述是最到位的，其精神实质就是无为，就是把天道解为自然。

老子：好的。我说"不可道"可能讲得太绝对了。在以善辩为能事的"百家争鸣"的那个时代，不讲得绝对一点，不语出惊人，别人就不听你的。在这里要说明的是，我的本意是说，"常道"是不可能用语言完全解释清楚的，你要自己去发掘，去体会，也就是我们平常说的"只可意会，不可言传"。真的，"常道"用三言两语说清楚，那简直是不可能的。都说"日月有常"，但谁能把这个"常"说清楚呢？我们那个时代说不清楚，两千多年后，人们可能清楚了一些，但谁也不敢说能完全说清楚了。谁能把太阳运行说得清清楚楚？谁能把月亮运行说得极为准确？谁说得清楚太阳和月亮上现在及以后会发生些什么呢？所有这些谁能"道"得一清二楚呢？在我那个时代，如果能轻而易举地把"常道"说清楚，那就用不着我来这样提醒了。概而言之，常道"不可道"一是指常道自身之"常"，不是你说怎样就怎样的；二是说对常道之"常"的研究至今还不够，要一语道破是不可能的。这话就是两千多年后，还是如此的吧！

"法天贵真"横匾（安徽蒙城）

您这样说，可能有人会以为您是在吓唬大家，似乎是在说"常道"是绝对难以知晓的，是不是这样？

老子： 我不接受这种批评，我绝对不是你们常说的那种不可知论者。因为我在《老子》一书中已把"不可道"与"不可知"区分得清清楚楚。我在《老子·十六章》中明确指出："知常曰明，不知常妄作凶。"我是说，懂得常道的人，会变得更加聪明，而不了解常道的人，如果一味乱来，就会遭遇危险。这里说的"明"，就是明白，就是"聪明"。我把我的"道"论，看做是聪明学。为了让大家加深印象，我在《老子·五十五章》重复了"知常曰明"这一观点。

我在《老子·五十二章》又说："用其光，复归其明，无遗身殃，是为习常。"我是说，为了借助道的光亮，达到明察，不留下祸害，就要因循自然。"习"可训为"袭"，也就是只有依据自然之道，才能使自己少受灾难。

我的"道"的核心内容就是"知常"，这就与不可知论彻底划清了界限。当然，由于条件的限制，"知常"这件事我没真正做好，只是粗线条地介绍一下，有的地方甚至说得有点玄乎，似乎把人领入了迷魂阵。如果在这方面说我有不当之处，我承认。

荀子像及《荀子》书影

荀子对老子的思想既有批评，又有吸收。荀子曾经游学于齐国稷下，那是黄老学占上风的地方，荀子受其影响很大。这种影响在《荀子·天论》中有集中的反映。"天有常道矣"，"大巧在所不为，大智在所不虑"，这些话都体现了老子思想。

"古流星园"石碑

《亳州志》："流星园在州东一百二十里，相传老子之母曾居于此，遂孕老子。"1992年，涡阳县对天静宫遗址进行考古发掘，出土"古流星园"石碑一块，与史料记述相符。

您认为，能认识阴阳二气合和的状态及其作用就是遵循常道，而能认识到要遵循常道是明智的。那么，"知常"和"习常"是并行不悖的，还是有前后次序的？

申不害像

法家学派申不害的思想同老子思想有密切的关系，司马迁明确指出："申子之学，本于黄老而主刑名。"（《史记·老子韩非列传》）

老子：这话要分两头说。在日常生活中，人们不可能在"知常"与"习常"之间分出个先后次序来，总是一边了解和认识"常"是怎么回事，一边力求按照"常"的规律办事。但是，从逻辑上讲，应该是"知常"在先，"习常"在后，人们是要靠思想指导行为的呀！"习常"是更高层次的要求，它不仅仅是认知，还包括行为。

天静宫之灵官殿

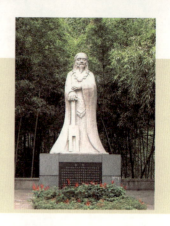

您既说过人是可以"知常"的，又说过"道"是"深不可识"的，那不是自相矛盾吗？因此，有学者认为您的"道论"有些地方还不太严密，不太成熟，这一点您承认吗？

老子：也许是受条件的限制吧，在许多情况下，我是摇摆于"道"的可知与不可知、可识与不可识之间的。我在《老子·十五章》中说过："古之善为道者，微妙玄通，深不可识。夫唯不可识，故强为之容。""强为之容"，可解释为勉强加以描绘和形容。这表面上是在说"古之善为道者"的一种情状，实际上是在说"道"本身，说我在心理上的游移不定。"道"是那么微妙深奥，那么高深莫测，我简直难以把握。这大概就是你们常说的古人的局限性吧。但是我要说的是，"深不可识"指的是"道"本身的博大精深；"微妙玄通"指的是善为道者的洞察能力。两者是主观与客观的辩证统一。总的来说，我相信，"道"是可以被认识并加以利用的，因此才有了"善为道者"这个命题。

慎到雕像

法家学派慎到的思想与老子思想也有着密切的关系。司马迁说："慎到学黄老道德之术，因发明序其指意。"（《史记·老子韩非列传》）

士成绮像

士成绮，传为春秋时隐士，闻老子为"圣人"，不辞艰苦，远道前往求见求学，老子教以道之根本，唯"至人"能守其本。画像藏上海博物馆。

您在《老子·四章》中说："道冲而用之久不盈。"这里的"冲"通"空"。意思是说，"道"这个东西啊，看来非常空洞无形，既看不见也摸不着，但是，使用起来却永无穷尽，不可估量。这里您想表达一种怎样的思想呢？

韩非像及《韩非子》书影

法家学派韩非的思想与老子思想更是有着密切的关系。这一点，司马迁早已点明。他说："韩非学本黄老。"（《史记·老子韩非列传》）韩非著《解老》《喻老》篇，他是我国历史上第一个为《老子》作注的人。

老子：我想表达两层意思：一是"道"这个东西乍看起来，似乎"冲"（空）得很，也就是抽象得很，事实上它有许多实在的内容，它的变化是无穷无尽的。"冲"，古字为"盅"，器皿空虚，虚而无穷。所以说，不"冲"，也就不大。"冲"是大的一种表现形式。这是讲抽象与具体的统一。"道生一，一生二，二生三，三生万物。"我们的任务是探究"生万物"的那个过程。二是知"道"的目的不是别的，而是为"用"。一个"用之，久不盈"的"用"字，把"道"的实用性说得明明白白。"道"的那些大原则是永远也用不完的，也就是永远也不会过时。现在看来，我所倡导的"道"这么有生命力，根源就在一个"冲"字。不"冲"，太实在了，给人自由想象的空间就小，其学术魅力也就大打折扣了。

庄子祠大门

除了上面提出的"道冲"一说之外，在《老子·二十一章》中，您说过一段著名的话："道之为物，惟恍惟惚。惚兮恍兮，其中有象；恍兮惚兮，其中有物。"又是"恍"，又是"惚"的，请问您在这里究竟想说什么呢？

老子： 我这里想说"常道"的一种常态，那就是

《老子·二十一章》书影

在一般情况下，"道"都处于"惚兮恍兮"和"恍兮惚兮"的状态之中。所谓"惚"与"恍"，其实指的是一种虚无飘忽、难以捉摸的状态。对此，自古以来有不少学者做了许多考据工作，那是钻牛角尖，没什么意义。我所说的"虚"不全等于"无"，"难以捉摸"也不等于不能捉摸，"惚"与"恍"之中有"象"（表象），有"物"（实物），这些"象"与"物"，正是窥视"道"的真相的窗口。后来陆贾的《新论》有《无为》专篇论述。我们完全可以在"恍兮惚兮"中把握事物的现象与实质。其实，这也是我对"道"的一种解答。那些初次接触"大道"的人都会说，"道"是那么玄妙，那么难以捉摸，怎么理解它呀？我这里明确告诉大家，可以通过表象和实物来理解"大道"。

陆贾雕像（佚名）

汉初的儒家实际上是很不"纯"的，他们虽然打的是儒家的旗号，但实际上夹带的是道家的思想。汉初的大儒学家陆贾在他的名著《新语》中，就专门著有《无为》篇，篇中说："夫道莫大于无为，行莫大于谨敬。何以言之？昔虞舜治天下也，弹五弦之琴，歌南风之诗，寂若无治国之意，漠若无忧民之心，然天下治。"

您在《老子·八章》中提出了一个极为重要的观念，称之为"几于道"说。《尔雅·释诂》说："几，近也。"也就是人在道面前不是无所作为的，通过自己的努力，可以接近（"几"）"道"。我们认为这是很重要的思想，但历来不被学者所重视，对此，您想说些什么吗？

曹参像

汉初第一个提出要用黄老之术治理国家的名臣是当时的相国曹参。司马迁在《史记·曹相国世家》中有这样的赞语："参为汉相国，清静极言合道，然百姓离秦之酷后，参与休息无为，故天下俱称其美矣。"

《道德经》"道可道"章书影

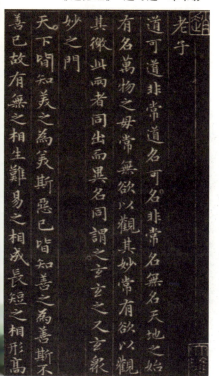

老子："几"与"近"通。"几于道"，就是接近道。这应该说是一个了不起的命题。"道"大得很，虚得很，恍惚得很，但它又不是完全不能把握的。通过"用"的过程，人们可以一步一步地接近"道"，这是人认识"道"的一般过程。

人们怎样才能接近道呢？这似乎也是不容易说清楚的。我曾以水为喻，加以说明。"上善若水，水善利万物而不争。"这就是说，一个人受到生命需要的束缚而难以完全达到"无"所求的高度，"善利万物而不争"是很高的境界。"不争"即摆脱万物。如果能做到自己的行为都"利万物"，做到与世无争，那就接近道了。具体地说，"处众人之所恶（wù）"，在众人都不愿去的地方生活得很开心，很自在，那这个人算是"几于道"了。当然，这样的与世无争有没有必要，值不值得，是有待讨论的问题。

关于人与道之间的关系，诸子百家各有自己的提法。孟子的"得道者多助，失道者寡助"（《孟子·公孙丑下》），从治国意义上讲是有道理的，但是，从哲学意义上讲，"道"不是简单的"得"与"失"的问题。我也讲"得道""失道"，但更强调"几于道"的观念，这样说比较符合实际情况。人们通过思考和行为，可以一点一点地接近"道"，但什么时候都不能说自己已经完全"得道"了。

您与孔子一样，或者说孔子与您一样，都是"好古"者。不过，孔子的"好古"是与学习联系在一起的，而您的"好古"，是与明道结合在一起的。先生，我们这样理解正确吗？

老子：大致上是正确的。不过，我要说清楚的是，我们对"古"的理解也不尽相同。孔子之"好古"，是好三代之古，我之"好古"的范围要更广一些，上至远古，下至"昨天"，都算是"古"了，它是相对于"今"来说的。

这里，我对"好古"解释三点：其一，"好古"可以借鉴古之"善为道者"的经验。其二，"好古"是为了"执古之道，以御今之有"（《老子·十四章》），这里的"古"泛指过去。"御"就是驾驭。也就是说，学习过去，是为了把握今天。其三，"能知古始，是谓道纪"（《老子·十四章》）。《白虎通义·三纲五常》中写道："纪者，理也。"道纪，就是道理。把"古"作为一个切入口，进而弄懂"道"之理。这些都是与孔子不尽相同的。

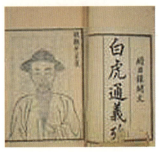

班固像及《白虎通义》书影

《时习图》（明代石刻拓本）
图中似孔子又一次见老子，不断问礼，学而时习之。

在您看来，"道"不会有现成的答案，要以谦虚的态度来追寻它，才能有所成就。在《老子·十五章》中，先生有"保此道者不欲盈。夫唯不盈，故能蔽不新成"的说法，这里说到了"不盈"和"新成"，请先生对此作些解释好吗？

"道法参天地"匾额（米芾字迹）

老子：这里说到了"知道"的态度问题。一是要"不盈"。王弼注："盈必溢也。""不盈"就是"不自盈"，也就是《易经》谦卦中说的当个"谦谦君子"。谦则虚，虚则受，不盈者才能接受许多原先不知道的东西。"不盈"是了解"道"的基本态度。"不盈"也就是我们常说的"不自满"。二是要"蔽不新"，"蔽"指的是破除。只有不断破除旧的东西，才能创造新的东西，达到"新成"的境界。"蔽不新"是一个永远的过程。在一段时间内是"新"的东西，过了一段时间又成为旧的东西了，新旧交替，永远不会终结。我们应该持"不盈"的态度，不断开拓，不断进取。

老子讲道（泉州老君岩）

您一再用一个"大"字来概括一个"道"字,其奥义何在?

老子: 的确,我在《老子·二十五章》中说过:"吾不知其名,字之曰道,强为之名曰大。"意思是说,"道"这个东西我有时简直不知怎么称呼它,就代称为"道",勉强给它起名叫"大"吧!"道"是"大"还是"小",在当时有很多说法。《管子·心术上》说:"道在天地之间也,其大无外,其小无内。"《庄子·天下篇》中引述惠施的话说:"至大无外,谓之大一;至小无内,谓之小一。"意思是说,"道"可大也可小,大可以大到最大,即所谓"大一",小可以小到最小,即所谓"小一"。这是讲"道"的体现。我对诸说加以综合,索性归结为一个"大"字,让人们自己去思索,去探究。在我看来,就是在有些学者所说的"小"中,也藏着"大",以"小"见"大"嘛!

管子像及《管子》书影

与老子一样,春秋战国时期的思想家都崇拜水,提倡水文化。《管子·水地》说道:"水者,何也?万物之本源也,诸生之宗室也。"

法定像

法定,北魏高僧,泰山灵岩寺开山和尚。塑像为宋人所塑,在山东灵岩寺。

慧文像

慧文为东魏北齐时高僧,又称慧闻,尊为天台宗初祖,像载《佛祖道影》。

您这样说，我们对把"道"称为"大"还是不太理解，道之"大"，是指其体貌之大，还是形态之大，还是另有他指呢？

叶适像

　　南宋大思想家叶适，强烈批评老子"有物混成，先天地生"的思想，他指出："自古圣人，中天地而立，因天地而教，道可言，未有于天地之先而言道者。"他认为所谓"道"就存在于圣人的日常行为和教化过程之中，不可能有先于人的行为的"道"。"道"与"物"两者不可分割。

老子： 我要说明的是，"大"不是简单地说是一种体貌，一种形态，如果那样理解，你们实际上还是把道看"小"了。客观地说，这里说的"大"是说总体的运行轨迹，是一种大气，一种大手笔。我在《老子·二十五章》中说了："大曰逝，逝曰远，远曰反。"这种"道"的大手笔表现为：一是"大曰逝"。它不断地变化着，不断地消逝着，永远不停顿地运行着。正如孔子的感受一样："子在川上曰：逝者如斯夫！"简言之：道与时间同在。二是"逝曰远"。道无边无涯、无所不在。你看不到它，摸不着它，但它确实是真实存在的，它的存在表现为一种"遥远"。简言之：道与空间共存。三是"远曰反"。道变化着、发展着，过一段时间"远"去的东西，又会有反复，又会有回归，回到它的出发点，回到它的本源。当然，这种回复不是简单的回到原点，而是有所提高。简言之：万变不离其宗。这样解释道之"大"可以了吧？

严遵像

　　严遵，西汉成帝时隐士，他修身自保，好老、庄之学，尤精《老子》，并授《老子》，年九十，以其业终。画像藏台北故宫博物院。

环绕这个"大"字，先生做足了文章，最后，先生把它归结为"四大"——"道大、天大、地大、人大"。这里说的"大"与上面的"强为之名曰大"中的"大"的意思一样吗？

老子：完全一样。道大，要有所表现，那就是天大、地大、人大。天、地、人都在不断地消逝，不断地运行，不断地回复。没有哪一天、哪一时、哪一刻停止过。不过，这里得强调一下的是，这"四大"并不是并列的。"人法地，地法天，天法道，道法自然"（《老子·二十五章》）。可以说，后三个"大"都源于"道大"，要是违背了"道"，人也就"大"不起来了。

何晏像

魏晋南北朝时期的何晏、王弼，是玄学的开山鼻祖，他们所创建的"贵无派"是玄学中的主流派。何晏著有《道德论》，王弼著有《老子注》，两书都是玄学的代表作。他们一方面继承了老子的思想，另一方面又发展了老子的思想，他们不再坚持老子的"天下之物生于有，有生于无"之说，而是推出了"以无为本"、"以有为末"的哲学新思想。

张道陵像

张道陵，东汉末原任州令，后弃儒习道。携带《老子》《太平经》等道书在鹤鸣山创立"五斗米道"，后世尊其为掌教和正一天师。

青城山天师洞

又称"常道观"，相传为张道陵修道之所。

道大，上面已经讲过了。我们现在来讨论"天大"吧。说天大，是不是因为天穹寥廓，无边无际，无穷无尽，笼罩四野，无不处在既有形又无形的天幕的遮盖之下？

康有为像

康有为在北京粤东会馆创立保国会时，慷慨激昂地说："不变法，必亡国！论及中国致衰之由，谓罪皆由于老子……"他突然拍案大呼道："如老子生在今日，吾必以枪毙之！"闻者莫不动容。

老子： 天幕广大这只是"天大"之一义而已。"天大"的另一义是天变之无穷尽。正如河上公所注："天大者，无所不盖也。"天有阴晴，月有圆缺，星辰有变异，"天有不测风云"。还有，天之大还"大"在它的阳刚之气。这种阳刚之气，左右着天，左右着地，左右着人，就是所谓"天行健，君子以自强不息"（《周易》）。

泰山岱庙回廊

慧悟像

慧悟，五代曹洞宗僧。崇奉老庄"恬淡虚静"思想，取号"冲煦（虚）"。后周显德年间，应世宗之请住持光睦寺，后迁于庐山开先寺，晚年居于金陵净德寺，聚徒说法，闻名遐迩。像载《佛祖道影》。

49

地大，就是指地域辽阔，高山、大海、名川、沃野、大漠、荒原难计其数，对吗？

梁启超像

梁启超以"自性"解释老子的"自然"，宣传《老子》返璞归真的人生哲学，还特别强调"自然"两个字"是老子哲学的根核，自从老子拈出这两个字，于是崇拜自然的理想，越来越深入人心"。

老子：这也只是"地大"之一义而已。以我看来，"地大"更重要的意思是指大地上沧海桑田的巨变。"地大"还有一个含义是，它标志着一种大阴，正如河上公所注："地大者，无所不载也。"大地厚积沉重，承载一切，这是地的大品格。"地势坤，君子以厚德载物"（《周易》）。人们说大地是人类的母亲，是有道理的。

在《老子·五章》中我说过："天地不仁，以万物为刍狗。"刍狗是指用草扎成的狗，古时祭祀时用，给它披上绣巾并装入匣中，并非对它的爱，祭祀完毕，把它烧掉或是扔掉，也并非恨它，人们对刍狗无所谓亲不亲、仁不仁。我以此比喻，天地对万物也是不讲情义和仁慈的，也就是说，在万物面前，天地永远是"老大"，说天大地大，一点儿也不错！

嵩山中岳庙

始建于秦，汉武帝登嵩山，诏令增修其祠。

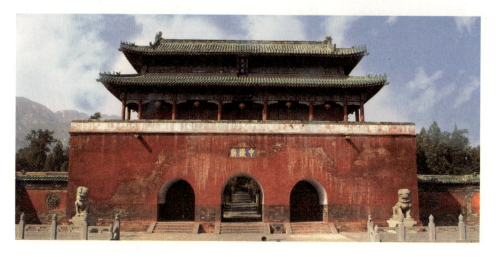

先生在《老子》中没有单独提到过"人"字，总是把"人"看成是大自然的派生物。而在讲人道时，又常常与天道结合在一起讲。比如，"功遂身退，天之道"（《老子·九章》）。明明是人之道，怎么说是"天之道"呢？

司马承祯像

唐代著名道教理论家司马承祯既吸收了佛教的修行理论，又吸收了老子"致虚极，守静笃""塞兑闭门""归根曰静"的思想，提出了"主静修心"学说。他说："学道之初，要须安坐，收心离境，住无所有，不著一物，自入虚无，心乃合道。"（《坐忘论·收心》）这完全是老子"守静笃"理论在道教实践中的运用。

老子：我是特意这样说的。人大之"大"，源于地大、天大。如果一个人离开了地大、天大这两宗，那就不仅"大"不了，也可以说什么都不是了。这就是我常说的"人法地，地法天，天法道，道法自然"。"功遂身退"云云，都是针对人性的弱点而言的。有的人功成名就了，可就是欲壑难填，家财万贯，还不满足，金玉满堂，也不满足，还以财欺人，以势压人，不讲诚信，结果"自遗其咎"。我所说的"功成、名遂、身退，天之道"，是指那是天然之道、必然之道。你不想"身退"吗？那你就会倒大霉，道理很简单，因为你违背了"天之道"。"天之道"正是"无为"之道的基本行为准则。

《中庸》书影

《中庸》说："诚者，天之道也。"认为宇宙的变化，自然而然遵循一定的原则，即天道。天道不是盲目的规律，而是天心的至诚的表现，不容运行有误，故称之为诚。宋代周敦颐进而阐述："诚者，圣人之本。"（《通书·诚上》）他引述《周易》的话，说明"诚"源于世界的最初本原，是天地万物的本性。

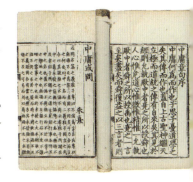

陈抟像

陈抟，号扶摇子，五代宋初著名道教学者、隐士。他继承汉代以来的象数学传统，并把黄老清静无为思想、道教修炼方术和儒家修养、佛教禅观会归一流，对宋代理学有较大影响，后人称其为"陈抟老祖""睡仙"等。隐于武当山九室岩，移华山云台观，著《无极图》刻于华山石壁。画像藏台北故宫博物院。

有的《老子》的版本上，把"人大"写成"王大"，请问那是传抄过程中的笔误，还是另有原因？

老子：我看，起先主要是传抄上的问题。后来，人们将错就错，认为那样也说得过去，两种版本就开始并存了，而且从"王大"可以引申出新意来。王弼注："天地之性，人为贵，而王是人之主也。"

汉明帝像

"王"者首先他也是人。不过，他不是常人，而是可以沟通天、地、人三界的异人、能人。后人作这样的解读："王"字的三横，代表的就是天、地、人三界；一竖，是贯通三界的意思。此说有理。"王"不是常人，但可以代表常人。这样说来，所谓"王大"，从根本上说仍然是指"人大"。

西周人面盾牌（上）

　　盾面人脸部表情狰狞，为反战的老子所不乐见。老子看到战争给人类带来的巨大痛苦，坚决反对战争，反对统治者用武力夺取天下。主张和平，主张统治者无为而治，一切顺应自然，以德治天下。中为商晚期铜面具。下为商晚期铜兽面具。

黄宗羲像

怎样才能深得百姓的爱戴与拥护呢？老子说："处上而民不重，处前而民不害。"黄宗羲赞同此说，他在《原君》中指出：古之人君"不以一己之利为利，而使天下受其利；不以一己之害为害，而使天下释其害"。此论可谓精辟至极，这正是老子思想的阐发，难怪黄宗羲能获得"中国思想启蒙之父"的美誉。

您与孔子都有大道、小道（小径）之论，您与孔子的道论有何异同呢？

老子：我与孔子的大道、小道之论，都是针对时弊而发的。一些人不走宽阔平坦的大道，而偏去走那小道，这是一种社会性的弊端。在我和孔子的词库里，小道被称为"径"。走小径的人，在我们看来不是正经人，是应该予以批评的。孔子主张"直道而行"，赞扬了"行不由径"（不走小道）的学生子羽。而我在《老子·五十三章》中严肃批评了"大道甚夷，而人好径"的现象，意思是说，大道那样平坦，而世人为何偏偏喜欢走邪径小道呢？看来，走小道、开后门的不正之风，古时候就有了。我主张"行于大道，唯施是畏"。这是对社会的整体改造，不仅要提倡走大道不走小道，还要形成走大道光荣、走小道可耻的社会舆论，使那些喜欢走小道的人有畏惧感，也就是"唯施是畏"。

我和孔子都持大道、小道之论，但着眼点并不完全相同，孔子着眼于道德的提升，而我着眼于道术的推行。孔子立足于个体，而我更注重社会群体和整个社会的改造。

《大学》书影

《大学》开篇第一句话说："大学之道，在明明德，在亲民，在止于至善。"这里提出了大学教人的道理，在于彰显人人本有、自身所富有的光明品德性，再推己及人，使人人都能去除污染而自新，而且精益求精，做到最完善的地步。

由大道、小道之论，使我们想到了另一个问题，那就是：与您同时代的各家可以说大多触及了一个"道"字，并对"道"有所阐述，如孔子在《论语》中言及"道"有四十七处之多，最有名的是"朝闻道，夕死可矣"，"吾道一以贯之"，"道不同，不相为谋"等。兵家的孙子在《形篇》中大谈其"道"，认为王者应"修道而保法"。各家都在论"道"，可为何单单您这一家被称为道家呢？

《开成石经》之《论语·述而》
《论语·先进》《论语·阳货》

老子： 这个问题实在太重要了。众家皆言道，为何独独我这家被世人公认为道家呢？这可能有三个原因：其一，我所言的"道"乃是真正的大道。孔子说了许许多多的道，但他说来说去主要讲人道，有的还只是讲某种理论、某种思想体系。至于兵家所要"修"的"道"，那只是局限于政治之道、军事之道。我讲的"道"，那要宏阔得多，包括天道、地道、人道、宇宙之道，也就是囊括一切之道。"道者，万物之奥"（《老子·六十二章》）。它是天地万物的一个总纲。其二，我所言的这个"道"，是独立于人的意识之外的，是"独立而不改"的（《老子·二十五章》）。"不改"，就是不可改变的。人只能顺应它，而不能随意地改变它。其三，我的这个"道"是与我所说的"德"连在一起的，我的那本书，有的以著者之名直称为《老子》，有的根据字数称为《五千言》，有的则根据其内容和理论体系称为《道德经》或《德道经》。我的理论体系就是由"道"与"德"两大部分构建而成的。

成都鹤鸣山

相传是张天师创立道教的地方。

在不少场合，您不是公然反对和否认"德"的吗？记得您最有名的一段话是这样说的："故失道而后德，失德而后仁，失仁而后义，失义而后礼。夫礼者，忠信之薄而乱之首也。"（《老子·三十八章》）这里说得很清楚，提倡"德"与提倡"仁、义、礼、忠、信"一样，都是"失道"的一种表现，都是"乱之首"。可见"德"也在您的反对之列，但您为什么又将"道"与"德"结合起来，形成一种完整的思想体系了呢？这实在让我们弄不明白，请先生明示。

王安石像

王安石是位博览群书的大学者，他熟读"百家诸子之书"，对老子也进行了研究。他积极改造老子主张的"无为"观念，认为人面对生活，既要"无为"，又要"有为"。两者相辅相成，缺一不可。他还认为，"道有本有末。本者，万物之所以生也。末者，万物之所以成也"。本"出自然"，可以"无为"；末"涉乎形器"，就不能"无为"，相反应该"有为"。应该说，王安石对老子学说进行这样的"改造"，是积极的、有价值的。

老子： 这正如我的后学庄子说的"此亦一是非，彼亦一是非"了。我所提倡的那个"德"和我针砭的那个"德"应该说是风马牛不相及的。我所针砭的主要是儒家的道德论。孔子说："为政以德，譬如北辰，居其所而众星共之。"（《论语·为政》）这种"德"，前提就是人与人之间的不平等，一个是"北辰"，其他是"众星"。一个是中心，其他环绕着它转。"居其所"，就是各得其所，那是有德的；如果谁要是不安分，那就是无德。这是我不能接受的。万物都有它生存的理由，不铲除天下的不平等，无所谓"德"。我曾说过："天之道，损有余而补不足。人之道则不然，损不足以奉有余。"（《老子·七十七章》）我主张的"德"源于天之道；孔子主张的"德"源于人之道。

对上面这段文字有多种解释。但细读可知，我在这里要表述的是这样一种意思：我把"德"分为"上德"和"下德"两种形态。"上德"当然是我道家提倡的。"上德不德，是以有德"（《老子·三十八章》），具有上等品德的人，不为外物所引诱，因此是真正有德之人。这种具有上德的人也必然是有道之人。我的道德论中两者缺一不可。另外，"下德不失德，是以无德"（《老子·三十八章》），即具有下等品质的人，追求外物，不愿意失去外物，结果成了失德的人。我批评和否定的是那种"下德"。如果连那样的"德"都失去了，你大肆宣扬仁、义、礼，又有什么用呢？我最终把这样的德、仁、义、礼定性在"乱之首"，难道这不正确吗？

这样看来，您所说的"道"与您所认同的"德"，几乎是同一种东西了，两者简直是难以分开的，是不是这样？

老子： 从一定意义上可以这样说。我说过："同于德者，德亦乐得之。"(《老子·二十三章》)意思是说，认同德的人，他的道就是德。在我心目中，道是天地万物之母，一个有德之人，就是要认同这一点，这不就是道与德的统一吗？这一点，我的后学庄子说得更清楚，他说："通于天地者，德也；行于万物者，道也。"(《庄子·天地》)"通于""行于"实际上是一个意思，强调的都是对事物本来面目的正确认识。

曾国藩像

以"内圣外王"为修身之道的曾国藩，与老子思想有密切联系，他在病中细读《老子》后，悟出"大柔非柔，至刚非刚"之理，自此力主行黄老之道，在遗嘱中要求子孙做有道有德之人，其中第一条便是"慎独"。

庄子祠正门

高亨在《老子正诂》一书中说，如果给"德"下一个确切定义的话，那就是"德者万类之本性也"。可是，我们遍查《老子》一书，书中竟无一字提到"性"字，倒是告子、孟子、荀子等人为一个"性"字争得不亦乐乎。您觉得高亨的说法站得住脚吗？

老子：应该说是站得住脚的。我在《老子》一书中的确没有用过一个"性"字，但不用"性"字，不等于没有对事物本性的论述。从哲学意义上讲，如果"道"是事物的本体的话，那么，"德"就是事物的本性。"道生之，德畜之，物形之，势成之，是以万物莫不尊道而贵德。"（《老子·五十一章》）"道生之"与"道为万物之母"是同义的。有道才有万物。"德畜之"，这里的"畜"，是培育之义。"道"生养了万物，这是从本体角度讲的；而"德"培育了万物，这是从本性角度讲的。什么叫有德？那就是要培育万物，而不是摧残万物。到了二十一世纪，整个地球面临气候变暖问题，这主要是因为人类的许多作为长期不"畜之"造成的。作为一个有德性的地球人，我们难道不应该尽快回到"畜之"的道德轨道上来吗？

常熟真武道观全景（张盛文提供）

问题在于对"畜之"两字应该怎么正确解读。先生，从您的"德论"角度看，您想把人们的道德规范"畜"向何方？

老子雕像（北京圣莲山）

此像整体高五十七米，象征《老子》五千七百字，座基刻《老子》全文。

老子：很明确，我的所谓"畜之"，就是要敬畏自然、回归自然、顺应自然。我所说的"玄德"、"孔德"、"常德""上德"，其实很简单，也很清楚，就是要回归自然，按自然的"道"办事。"长而不宰，是谓玄德"（《老子·十章》），意思是说，帮助一切事物生长，而不是千方百计地妄图主宰它，这就是玄德。"孔德之容，唯道是从"（《老子·二十一章》），所谓孔德、大德云云，就是要服从"道"的走向。"常德乃足，复归于朴"（《老子·二十八章》），就是说永恒的德性表现在返璞归真上。"上德若谷"（《老子·四十一章》），就是说最为上品的德，表现在永不满足上。说了那么多，都可以用"畜之"两字来概括。

《公是集》书影

《左传》提出了为人处世的最高标准为"立德、立功、立言"，并简称"三不朽"。宋代刘敞在《公是集》讲了"三不朽"之间的关系，说："士之不朽者三，所以本之者一，……本之者德而已矣。"他认为只有在德的基础上才能立不朽之功和言。

您还说过"常德不离,复归于婴儿"(《老子·二十八章》),这与上面说到的回归自然有什么联系呢?

欧阳修像

欧阳修对道家采取较为折中的态度。他说,道家的"本清虚,去健羡,泊然自守,故曰我无为而民自化,我好静而民自正,虽圣人南面之术不可易也"。但是,"弃去仁义而归之自然,以因循为用",那是"不究其本"的做法,是万万使不得的。

老子:人是认识的主体,所以讲德最后要归结到人自身。人如何回归自然呢?在我看来,婴儿最接近自然,那时的人,纯真稚气,要哭就哭,要笑就笑,要喜就喜,要怒就怒,自然得很,基本上没有什么伪装。我认为,如果一个人终其一生能永葆赤子之心的话,那他算是回归自然了,他也真的成了有德的圣人了。

孔子见老子图(汉代碑刻)

山东嘉祥出土。绘刻孔子躬身,手捧一物,面对画面右方的老子如行礼状。老子亦俯身拄一曲杖,似在鞠躬还礼。榜书"孔子""老子"于左右。画中间一髫龄儿童,有说是"七岁项橐"。汉代画像石中,以孔子见老子为题材的画面众多,足见孔老之会影响很大。

既然"道"与"德"都崇尚"自然"两字，那么"德"是否能自然而然地在人身上表现出来呢？

老子塑像（四川高峰山）

老子：当然不可能。不管是个人还是集体甚至国家，要有德，首先就得修德。"修之于身，其德乃真；修之于家，其德乃余；修之于乡，其德乃长；修之于邦，其德乃丰；修之于天下，其德乃普。"（《老子·五十四章》）。"其德乃普"，这里提出了普及道德品质的任务。其次，从行为层面上讲，主张积德。"重积德，则无不克"（《老子·五十九章》），在积德上，我想得较为具体，主张"慈""俭""不争之德"，主张人与人之间"两不相伤"，主张"报怨以德"。这样做了，"德"就渗入了生活的各个领域，天下太平就有希望了。这里值得着重提示一下的是，无论是"修德"，还是"积德"，都应以顺其自然为前提，而不是"逆天行事"，违背天道。不然，再"修德"再"积德"，都只能走向反面。

凤鸟衔环熏炉
力主俭朴、贫而乐道的老子主张不要太迷恋这类贵族的奢侈品。

您说："大器晚成。"(《老子·四十一章》)这是您揭示的一条非常深刻的成功之道,有些人似乎不同意您的说法,他们说"自古英雄出少年"嘛,特别是在现在快节奏的时代,应该早早成才,早早出成果,早早脱颖而出。由此,有些人认为"大器晚成"的思想是过时的、消极的。我们能这样理解吗?

汲黯像

汲黯对老子的思想也是取其所需,魏源认为他是取其"用世之学"。

妇好钺与戈

上图为妇好钺,装饰有两只老虎张大嘴扑向一人头,为两虎相争吞食人头状。下图为铜内玉援戈,系贵族举行典礼时所用之器。这些在老子看来都是毁人家园的凶器。

老子:不能这样理解。"大器"确实并非都是"晚成"的,而且在自然科学、体育运动领域这一点表现得更为突出。事实上,在社会科学和企业管理等方面也有不少"大器早成"的例子。在百舸争流的时代,应当以"大器早成"来鞭策自己,这是不错的。

我的哲学思想其实是从生活中提炼升华而来的,你可以有"大器早成"的理想,但是你又要用"大器晚成"的理念来不断完善自己。你看汉语中有"老到""老辣""姜还是老的辣"等词语,说明人才往往要经过数十年的磨炼,才能有所"成"。有学者说,"大器"之所以晚成,是因为一器之成,需要不断加工,不断铸造,不断雕琢。人生和事业也一样需要雕琢,就像一件珍稀的雕塑作品,需要经历从毛坯到成品,由成品到精品,由精品到极品,由极品到传世品,再到经典之品,这样长期的不断的雕琢过程。鼎作为大器,象征着国家,需要一代一代人来不断地建设,需要一代一代人的不懈努力。其他事业也是这样。这就是"大器晚成"啊!

英国学者坦普尔在李约瑟博士的指导下，撰写了一本名为《中国：发现和发明的国度》的书，其中肯定了中国的一百个"世界第一"，书中指出：中国古代除印刷术、造纸、指南针、火药等"四大发明"外，还有九十多种世界首创的科技成果，如水下鱼雷、多级火箭、载人飞行、枪炮、白兰地，甚至蒸汽机的核心设计，也同中国人的智慧分不开。这一百个"世界第一"是我们民族智慧的象征，其中说到老子的道家智慧尤其值得重视。不知您注意到英国学者的提法没有？

李约瑟像

老子：我注意到了。感谢这些有识之士的高度评价。现代人加强对我以及我弟子思想的研究与传播，这是对传统的尊重，也是我的荣幸。有一位外国教授甚至建议：不会背《老子》，不准戴博士帽。我不想美化我自己和我的学说，倘若学者们能对《老子》去其糟粕，取其精华，古为今用，推陈出新，这将是中国文化之大幸，国家民族之大幸。我深信，读懂我的思想，向全国和世界大力弘扬《老子》的大智慧，我们这个具有悠久文明史的伟大民族，就一定能够对人类文明作出更大的贡献。

商后期的透雕龙纹钺

钺是古代刑杀的兵器，也被视为王权的象征。老子认为，战争是残酷的，是违反自然规律的行为，它具有很大的毁灭性。他说："师之所处，荆棘生焉。"这反映了战争之后人烟荒芜的凄凉景象。反战的老子是不喜欢战争武器的。

左为东周时铜剑，右为商晚期曲内戈及箭头。

第三章

绝圣弃智

　　老子的"绝圣弃智"一语，初读会使人惊讶得目瞪口呆。明明老子在《老子》一书中称道圣人有三十五六次之多，"圣人"字眼的出现次数仅少于"道"字，为何又在此提出"绝圣"呢？"绝圣"者，是要完全中止圣者的生命也，这与书中大书圣人之道不是自相矛盾吗？再说，老子自己是国家图书馆馆长，学富五车，上知天文，下知地理，怎么会提倡"弃智"呢？如果老子真的是认为不要知识比要知识更好，真的是要人们"弃智"，这样不会让人大跌眼镜吗？

　　不会，不会，原来老子有自己的深意要阐明。老子的"绝圣"和他的"弃智"都有他自己独特的诠释。如果我们只是望文生义，那一定会误解老子。

我们反复读了您的《老子》一书，觉得您提出的"绝圣"口号语出惊人，总体上社会效果并不好。您说要绝圣人之命，怎么叫人受得了？学者高亨在《老子正诂》中说："《老子》书称圣人者凡三十许处，皆视为至高之人而无诋訾之语，此乃云绝圣者，非自相矛盾也？"提出类似质疑的学者还有一些。但我们细读《老子》一书后，也理解您的这一提法是针对时弊而言的。当时在社会上混得挺好的那些所谓"圣人"，他们是不是做了很过分的事？是不是他们激怒了您，迫使您愤然举起了"绝圣"的义旗。您说一说当时的情况好吗？

老子： 说我的"绝圣"之说完全是针对时弊而发的，这一点我完全赞同。当时的大学者们宣讲的就是"仁、义、礼、乐"那一套。这些东西早已被时局之变打得落花流水了。我认为靠这些不仅不能救国家，救社会，相反起了麻痹人民、欺骗人民的作用。我的"绝圣说"正是针对这些人提出来的。记得庄子在《庄子·在宥》中说："说仁邪，是乱于德也。说义邪，是悖于理也。说礼邪，是相于技也。说乐邪，是相于淫也。说圣邪，是相于艺也。说知邪，是相于疵也。"我和庄子都认为这些人说的和做的，都对社会发展没什么好处。如果这些人可以称为"圣人"的话，那么这样的"圣人"非"绝"不可。于是，我毅然高举"绝圣"的大旗。这完全是出于一种义愤。

张良像

张良对老子的思想是有选择性地吸收，魏源认为他是取其"体用之学"。

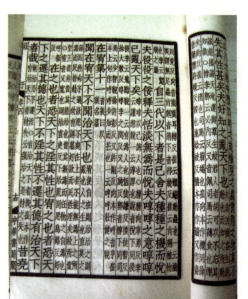

《庄子·在宥》书影

即使是这样,您的提法也应该说有片面性。与您同时代的那些被人们认为是圣人的人,应该说也不是一无是处。他们宣传的"仁、义、礼、乐"那一套也有一定道理,怎么可以号召人们起来"绝圣",把他们斩尽杀绝呢?您说对不对?

汉宣帝像

汉宣帝对老子的学说是取其"王霸杂用之学"。

老子: 仔细想想,我的提法的确也有不妥之处。道不同不相为谋。不同道的人讲不到一块,但可以同时并存嘛!不过请注意,我说过:"绝圣弃智,民利百倍。绝仁弃义,民复孝慈。绝巧弃利,盗贼无有。"(《老子·十九章》)意思是说,抛弃圣贤智慧,百姓能获取百倍之利;摒弃仁义,百姓才能重树孝顺慈爱之风;舍弃技巧私利,盗贼才有可能杜绝。这完全是针对"圣""智"产生智巧奸诈的后果而言的。由此可见,我的"绝圣"之说的本意很明确,都是从有利于百姓角度提出的,不完全是我个人的意气用事。

天静宫

我们发现在您的《老子》中有两类圣人。一类是应该打上引号的所谓的"圣人"，那就是大讲仁义而实质上不仁不义的"圣人"。另一类是"以百姓之心为心"（《老子·四十九章》）的圣人，那是真圣人，那是您在《老子》中一而再、再而三地加以肯定和颂扬的那种圣人。先生，您说是不是这样？

老子： 正如你所说的，我在《老子》一书中多次提出我的圣人观。社会上有各种各样被称为"圣人"的人，而我认为，我颂扬的那些真心站在百姓这一边的人才是真圣人。我有我自己的圣人观和圣人理想人格。实际上，所谓"绝圣"，只是"绝"假仁假义之"伪圣人"，相反，应弘扬的是"以百姓之心为心"的真圣人。我是把论述的重心放在弘扬真圣人上的，对"伪圣人"的批判只是稍带一下而已，凡读过《老子》的人都会发现这一点。

诸葛亮像

魏源评述说，诸葛亮既"淡泊宁静"，又"法制严明"，因此只能说"似黄老，非黄老"。魏源的这种分析是很有道理的。

"天静宫"匾额

"道之源"匾额

我们只是粗略地读了读《老子》，不知您心目中"真圣人"的理想人格是什么样的，您在书中有归结吗？

老子： 我在书中关于"真圣人"讲了很多。我说过："是以圣人处无为之事，行不言之教。"（《老子·二章》）圣人首先应该是个为师者、教育者，"行不言之教"，就是不在于言教，而是用自己的"无为之事"来教育和诱导世人，通过教育，他也不想从中获得什么，这是无私，也是无为。我的后学庄子在我的论述基础上加以总体性的归结。他在《庄子·天下》中说："以天为宗，以德为本，以道为门，兆于变化，谓之圣人。"应该说，此话归结得很好。这种圣人不是夸夸其谈者，不是虚言惑众者，不是道貌岸然者，而是社会变革的真正领军人物。

柴荣像

柴荣即五代时期后周世宗，好老庄之学，效法老庄。史载其"器貌英奇，善骑射，略通书史黄老，性沉重寡言"。像载《三才图会》，明万历刻本。

刖人守门鬲

腹下部为屋形，内可承置炭火，右扇门铸有刖去左足的刖人在守门。《老子》文约义丰，言简意赅，大量运用了比喻的写作手法，这些有门有窗成屋形的铜器，内有空间，正是老子形象说明"无""有"的比喻物。

您是庄子的先师，请您对您的后学庄子在《庄子·天下》中所说的"以天为宗"那段话作一点诠释，好吗？

老子雕像（楼观台）

老子：我可以做些诠释，但不知是否精当。从理想人格角度看，庄子讲了四条：第一条是"以天为宗"。我与庄子都是敬天主义者，都强调了天人合一，都认为"天"才是我们人类真正的老祖宗。这个"天"当然就是自然。第二条是"以德为本"。何为"德"？在我看来，"人事必将与天地参，然后乃可以成功"。能按天地的规律处理人事的就是有德之人。圣人应该是"天"的忠诚代言人。第三条是"以道为门"。这里说的"道"也就是天道。有了天道，才会有人道。圣人是行于正道的人。第四条是"兆于变化"。"兆"是征兆。就是当变化出现某种征兆时，就能抓住它，从而达到顺势而行的目的。我所说的"圣人处无为之事，行不言之教"，也隐含"兆于变化"之意。这样的圣人必是先知先觉者。四句话中最重要的一句是"以天为宗"，这是区分"真圣人"与"伪圣人"的标志。

庄子雕像

老子像

上面说到的理想人格还是比较虚的,是对圣人总体的"形象设计"。您心目中圣人的根本标准是什么?

老子:很明确,那就是无私,就是一颗赤诚的为百姓着想的心。孔子是不讲无私的,整本《论语》中没有出现"私"这个字眼。他主张"先劳后获","劳"了就要有所获,相当于后人讲的按劳分配。在我看来,他的圣人标准太浅近,太"功利"。我则不同,强调要无私。"圣人以其无私,故能成其私。"圣人处处想到的是百姓,"圣人无常心,以百姓心为心"(《老子·四十九章》),即收敛意欲,克服以"自我"为中心,体谅百姓疾苦,这才是真正的圣人。

淮南王墓

淮南王刘安著《淮南子》,继承黄老"道生法"的主张,把法的"公正无私"看做"道"在人间的体现。其书笼盖天地,浸洽纤微,气势恢宏,文辞瑰丽,是继《老子》《庄子》之后又一部道家巨作。

朱熹说："老子心最毒，其所以不与人争者，乃所以深争之也，其设心措意都是如此。闲时他只是如此柔优，遇着那刚强底人，它便是如此待你。"（《朱子语类》卷第一百三十七）朱熹为什么说您"心最毒"呢？

朱熹像

朱熹说："老子心最毒。"他是站在儒家角度批判道家学说的。

老子：学术上有不同意见，相互批评和指责是正常的，但骂我"心最毒"就过分了。也许，我的言论和主张得罪了他。因为我对压迫民众的贪官污吏恨得咬牙切齿，我曾大骂他们："财货有余，是谓盗夸。"（《老子·五十三章》）这里的"盗夸"就是大盗。那些家有大宗余财的人，都是世间的大盗！骂得多痛快！"强梁者不得其死"（《老子·四十二章》），那些巧取豪夺的"强梁者"，不得好死！还说："而为奇者，吾得执而杀之，孰敢？"（《老子·七十四章》，这里的"为奇者"就是指为非作歹者，对那些人，我要将他们斩尽杀绝，看将来谁还敢如此鱼肉百姓！也许因为我说了这些话让他们恼怒了。这是一方面的原因，还有一方面是误读造成的。有的后学把我的哲学归结为"权谋论"，韩非在《喻老》中就给《老子》贴上"权谋"的标签，此后赞同此说的大有人在，古代有苏轼和程、朱，近代有钱穆等。朱熹在"权谋论"的影响下，认为我名为"道"，实为"术"，于是恼羞成怒地说："老子心最毒。"

灵官殿

您为何说"圣人欲不欲"(《老子·六十四章》),干脆地说"不欲"不是很好嘛,为何说得那么拖泥带水呢?

老子雕像(无锡)

老子：我那样说,气度与语意都是很不相同的。

如果只是讲"不欲",那就是一种简单的要求,事实上也难以做到。"欲不欲"就没那么简单了。它讲的是人的一种思维过程。第一个"欲"字,是讲人世的一种状况,一种处境。就是说,人人都处于"物欲横流"的包围之中,作为一个现实的人,我们一睁开双眼,就面对着一个"欲"字。接下来紧随其后的"不欲"是讲圣人的人生态度,就是他们能排除一切欲念,达到"不欲"的境界。况且,"欲不欲"不是一次完成的,它是人生一个永无止境的流程,人生有多长,这个流程就有多长。只要你坚持"欲不欲",你也可以成为圣人。

"德之初"匾额

在您的想象中，圣人是纯真的人，没有"城府"的人，也是生活得很简单的人。我们可以这样理解吗？

老子：你们理解得很准确。我有一种专门的提法，"圣人皆孩之"（《老子·四十九章》），圣人简单得像个孩子一样，坦率、明白、不做作，也没有"伪圣人"那么多的礼数。我提倡通过提高修养，"复归于婴儿"，请注意，我这里不是说要像婴儿那样幼稚，而是说要像婴儿般单纯。圣人要"比于赤子"，强调的也是一种圣洁无邪的品性。我期许人们"复归于婴儿"，那婴儿代表什么？就是代表全新的开始、充满无限的希望、拥有无限的可能性。许多古代圣人也喜欢用婴儿作比喻，孟子认为"大人者，不失其赤子之心者也"，耶稣宣称"让小孩子到我面前来，因为天国是他们的"。人在经历了成长的考验之后，还能像婴儿一般单纯，满心喜悦地看待这个世界，这实在是修行的最高境界，在庄子笔下也是如此。庄子以寓言说明什么是"天然"（或"天性"）、什么是"返朴归真"？这同我讲的都是一个道理：复归于婴儿。

李贽像

明代思想家李贽认为儒、墨、法等皆源于老学，他从老子的放任主义治世观念出发写了《老子解》。

《庄子·寓言》书影

有的注解，包括某些学者的文章说，"圣人皆孩之"（《老子·四十九章》）意思是圣人把百姓都当成孩子，似乎是受儒家"父母官"思想的影响，如此解读对吗？

曾参像

曾参，为孔子弟子，以孝名扬天下，传作《孝经》，被后世尊为"宗圣"。画像藏台北故宫博物院。

《老子·十九章》书影

老子： 不对，这把我的一贯态度和思想理解反了。同紧挨在前面的"百姓皆注其耳目"一句联系起来就不难理解了。这里的"注"就是注意、注目。百姓都注意他们自己所听到的和看到的，那么圣人如何呢？这里应理解为圣人像小孩依赖成人一样依赖百姓。不少学者认为，这样比喻符合实际，也相当传神，不仅体现了小孩对成人的信任、依赖，更体现了发自内心的自愿的以此为乐的情绪。我的本意就是，圣人之在天下，自觉约束自己，不肆意妄为，他的思想与百姓的意愿融为一体，百姓成为圣人认识问题、办理政事的基础，也就是说，圣人要时刻站在百姓的角度和立场来讲话，用"圣人皆孩之"一语通俗又形象，即圣人对待百姓就像孩子对待大人那样发自内心地充满信任与依赖。

与孔子思想相比，后人对您思想的研究远远不够，结果人们对《老子》知之甚少，误解甚多。有学者说，老子五千言，注者三千家，但真正读懂的很少。这是中国文化的莫大不幸，也是人类文明的莫大不幸。您认为是这样吗？

老子： 不完全这样。应该说，我对"道"的思想做出了相当通俗的解读，我用母与子来做形象比喻。我说："天下有始，以为天下母。既得其母，以知其子；既知其子，复守其母，没身不殆。"（《老子·五十二章》）我认为，道是宇宙的本原，宇宙天地万物和人类无一不是由道创生和养育的。我还用水来形容道的品格，指出："上善若水，水善利万物而不争，处众人之所恶，故几于道。"（《老子·八章》）正是基于道是本原的宇宙观，我提出了"唯道是从"的社会观和人生观。至于说我的思想传播不够，为什么会这样呢？有不少学者进行了分析，认为长期以来对我思想的研究传播缺乏应有的重视，特别是在传统教科书里把我的思想解读为"消极出世"的思想，甚至说成是失败者的精神安慰，故而造成人们对我的思想不是很了解，甚至有很多误解，这当然是令人遗憾的。从实际情况看，就是在我所处的时代，我的思想也很少被主流社会所理解和接受。为此，我当时就说了这样一句真情话："吾言甚易知，甚易行。天下莫能知，莫能行。"（《老子·七十章》）

章太炎像

章太炎对老子学说的核心思想"无为而无不为"作了别出心裁的新解："无为就是不特意去作某些事情；无不为是依事物中的自然性去作任何事情。"这是学界对老子的核心理论做出的最通俗易懂的解说。

邵雍像

邵雍，北宋哲学家、易学家，有"内圣外王"之誉。深受老子、庄子以及其他道家代表人物的影响，凡言皆祖述老、庄。有谓"邵氏之学，老氏之学也"。其著有《皇极经世书》，如朱熹所说，是一部"易外别传"。画像藏台北故宫博物院。

在您看来，圣人还善于处理人际关系。这也不是什么处世技巧问题，而是圣人自身的素养问题。让我们印象特别深刻的是，您把圣人的个人品质归结为"方、廉、直、光"四字。对此，您能解释一下吗？

董仲舒像

董仲舒把老子的"无为"思想，有机地融入儒学体系中，以之阐述治国之道、君臣之道，主张君道无为，臣道无为，从"天道"的本原上强调君主施"无为之治"的重要性。

老子：我在《老子·五十八章》中说道："是以圣人方而不割，廉而不刿，直而不肆，光而不曜。"这是四个方面的品质：方，是方正；廉是廉洁，有原则性；直是率直，不做作；光是光彩，光芒四射。这四个方面的品质加以不割、不刿、不肆、不曜的限制后，就成为一种极佳的处世原则。后世学者对此解释为，作为圣人有棱角而不生硬，清廉而不伤人，直率而不放肆，光彩照人而不刺眼。由此还说我与儒家一样强调一个"和"字，这种解读也是在理的。不过，儒家的"和"靠的是中庸，而我的"和"更多靠的是一种人格魅力。我的"和"是"和"于天道，顺于天道。我不想在此评说我与孔子思想孰优孰劣，我觉得至少是各有千秋吧！

鱼玄机像

鱼玄机，晚唐女诗人，才思敏捷，好儒又崇老庄之学。为李亿之妾时，被李亿的大老婆所不容，她发出"易求无价宝，难得有心郎"的痛苦而又绝望的心声。后出家到咸宜观为女道士，道号"玄机"。与名士李郢、温庭筠互通诗作。其诗作见于《全唐诗》，现存有五十首之多。

有的学者指出，您所塑造的圣人形象，是"自知"的智者，是"不病"的全人，是这样吗？

老子：说得对。"圣人自知不自见，自爱不自贵。"（《老子·七十二章》）自知是知道自己有什么优点，也知道自己有什么缺点。正因为自知，就特别自爱。不故意抬高自己，也不把自己看得很高贵。

自知，那是最不容易的。人生所苦，常在于不自知。

我还提出了一个特别的命题："圣人不病。"我是这样告诉人们的："圣人不病，以其病病。夫唯病病，是以不病。"（《老子·七十一章》）这里说的"不病"，主要不是指生理上的，而是指思想品质上的。意思是说，圣人没有毛病，因为他讨厌毛病，所以才不会有毛病。我所说的"以其病病"，是达到"不病"境界的保障。"以其病病"中的第二个"病"字是毛病的意思，第一个"病"字是了解、知道、纠正的意思。圣人的高明和高贵之处不在于不生毛病，而在于生了毛病能及时纠正毛病。

"以其病病"与上面说到的"欲不欲"有异曲同工之妙。"欲不欲"是面对欲求能排除欲求，"以其病病"是病了能及时治病。都说我的学说"虚"，这里不是说得很实在吗？

毛泽东像

毛泽东十分重视对老子思想中精华的汲取，他说："《老子》这部书乃是唯心主义的，但包含丰富的辩证法思想。它对春秋战国时期社会大变革的一些现象，特别是战争的规律作了概括和总结，所以它也是一部兵书。"

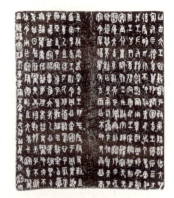

上为史墙盘铭文拓片

共有二百八十四字，大意为在武王克商后，史墙先祖入周为官，是王室心腹之臣，后裔世任周官，墙为赞祖先，祈多福而作盘纪念。

至此，似乎可以对"绝圣"的问题做出完整的解答了。请您简单地归结一下好吗？

何新像

当代学者何新在《老子新解》一书的卷首语中说："《道德经》自汉以下失读，德，直也。正，政也。道，导也。'道德经'即'导政经'也。"

山涛像

山涛为西晋官吏，好老、庄之学，初隐居家中，后出仕，官至尚书右仆射，系竹林七贤之一。画像藏上海博物馆。

老子： 的确可以进行归结了。我的意思是，那些被我杜绝的假"圣人"是靠不住的。他们宣扬的"仁、义、礼、乐"那一套救不了世界，相反只是起到欺世的作用，因此，我名之为"伪圣人"。针对这种状况，我精心设计了一种"真圣"（姑且这样叫吧），以取代原先的那些圣人。这些"真圣"应该是无私的、自律的、简朴的，他们主要不是用语言，也不是用礼乐，而是用自身的榜样作用来规范和教育百姓，努力建设一个和谐的理想社会。我这种想法也许有某种空想成分，但总比那些"假圣人"的欺世盗名要好吧！

王弼像

王弼为经学家，尤精老、庄之学，注有《易》《老子》。画像藏台北故宫博物院。

您这么一解说，所谓的"绝圣"我们大致明白了，但是，我们还是不明白，您批评"假圣人"可以，又何必"弃智"呢？现在的研究是为了反思，您说说提出"弃智"是对还是错，可以吗？

老子：毫无疑问，从一般意义上说，提出"弃智"是错的。在任何社会条件下，不加限制地提出"弃智"的口号，显然是错误的，因为那是逆时代潮流而动的。一个时代要进步，就离不开知识和智慧。我提出"弃智"，从客观效果看，会造成人们思想上的混乱，这是我当初没有预料到的。不过，话又说回来，我当时提出那么极端的口号，也是事出有因的。

《汉书·艺文志》书影

《汉书·艺文志》首创"道家者流，盖出于史官"之说，该文认为："(道家)历记成败存亡祸福古今之道，然后知秉要执本，清虚以自守，卑弱以自持，此君人南面之术也。"把老子的学术与政治挂起钩来，说它实际上是一种统治术，这是作者总结了汉代初年成功的统治经验得出的结论。

周敦颐像

周敦颐，北宋著名哲学家，程朱理学的开山鼻祖。对阴阳五行之学了若指掌。著有《太极图说》，效法老庄。有言：邵雍有《皇图经世》为老庄"狗尾续貂"，皆把道学玄化。画像藏台北故宫博物院。

天静宫内之回廊

北京大高玄殿

看得出，您在论述万事万物的对立统一关系时，体现了十分丰富的辩证法思想，让人信服。但是，您既然说"弃智"在一般意义上是错的，又为何说事出有因呢？

老子：我说的事出有因不是为自己辩护，而是进行具体分析，可以从中吸取历史的经验教训。这里所说的事出有因的"因"之一，是我把"智"与"伪"不恰当地结合在一起了。我要承认，这是我认识上的一个大错误。我在《老子·十八章》中说过："慧智出，有大伪。"意思是说，越是知识多的人，越是巧伪，反而不如没有知识的普通百姓纯朴。我在《老子·二十七章》中还说："虽智大迷。"人有了智慧和见识，同时也就走上了人生的迷津，就像鲁迅讽刺的"人生识字糊涂始"。"民之难治，以其智多"（《老子·六十五章》），那些"智多"的大知识分子最难治理。我走了个极端，就提出"弃智"。现在看来这些想法实在太可笑了，可是，当时我的确是那样想的。这是我在为自己挖思想根源。

天静宫之钟楼

说到挖思想根源，我们还可以帮您老人家挖一条，那就是您错误地认为：这个世界就是被聪明人搞坏的。当时您是这样想的吧？

老子： 的确，当时我是这样想的。我看到那些挑起战争的人一般都是有知识、有财有势的人。我看到那些鱼肉民众的人，有的也是"学富五车"的人。我看到那些为富不仁的人很多也是有知识的人。于是，我得出一个结论，这个世界就是被那些有知识的聪明人搞坏的。我认为："绝圣弃智，民利百倍。"（《老子·十九章》）为了让老百姓得到百倍的利益，我主张"弃智"。

先圣遗像（南宋石刻）

孔子在《论语》中以水作喻，老子在《老子》一书中，在论道过程中以水为喻的有近十处，最著名的是："大道氾兮，其可左右。万物恃之以生而不辞，功成而不有。"意思是说，大水泛滥，淹没了左右的大地，可要知道，这同时也养育了万物啊！老子之"道"，不是源于陆地的大道，而是源于大江大河的水道。老子的学术在文化本质上是一种水文化。

天静宫之鼓楼

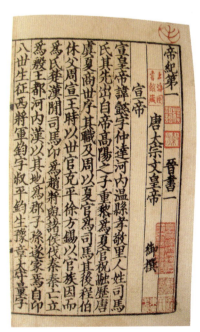

还有一点我们得提醒您老人家一下，您有这样一条错误的逻辑推理：多智则多欲，多欲则巧伪，巧伪则越轨，越轨则动乱，动乱则社会永无宁日。这一连串推理的大前提是"多智"。您当时是这样想的吧？

黄帝像

老子所推崇的圣人莫过于黄帝，他认为黄帝是圣中之圣，是真正的至圣。

老子： 你们对我的思想研究得很深刻，我正是这样想的啊！我整日为社会忧这忧那的，想来想去，觉得学习、学问、学识是个祸根，"少私寡欲，绝学无忧"（《老子·十九章》）。我认为大家都不搞学问了，安安稳稳地过小日子，什么欲望都没有，我还有什么可忧虑的？社会还会有什么可忧虑的？显然这是错。唐代名相房玄龄等在《晋书》中就"少私寡欲"作过批评，认为洁身寡欲是可行的，但不得"绝学"，在《晋书》中对好读者洋溢着赞颂之词，有云：陈寿因《三国志》成名，万卷楼亦因陈寿而"万古流芳"，人们对于兴建万卷楼寄予厚望。

《晋书》书影（宋刻本，现存上海图书馆）

说到老子思想的影响，会使人想到妈祖其人。妈祖，原名林默，又名林默娘。公元九百六十年农历三月二十三诞生于福建莆田湄洲岛，年仅二十八岁就因救助海难中的人们而去世。她原本只是中国北宋时代一位普普通通的海滨姑娘，但在死后的一千多年中，尽管沧桑沉浮，她的名字非但没有消失，反而被民间奉为千秋不朽的"女神"，成为海内外影响广大的传奇人物。这是为什么？

元代的妈祖雕像

老子：这至少有三个方面的原因：其一，妈祖的事迹感人，精神伟大。林默娘自幼有行善济世的精神。二十八岁时，在一场暴风雨中为抢救渔民而殉难，体现了我道家的无私精神。她勇敢地以自己的生命为代价，换来十条性命。她年轻、美丽的生命在壮烈牺牲中迸发出灿烂的圣光。其二，人们呼唤这种无私奉献的精神。林默娘一生虽然短暂，却留下无数救难济世的动人事迹和迷人传说。她一向以搭救海上遇难者为己任。为纪念和感谢妈祖生前行善济世，民众自发在湄洲岛上立祠祭祀，尊她为"女神"，这是对"舍己助人"精神的褒扬。其三，统治者的需要。据史料记载，妈祖曾被历代朝廷褒封为天妃、天后、天上圣母共达三十六次，颂扬妈祖三大功绩：辅国、护圣、庇民。妈祖成为中国最有影响力的航海保护神和著名的和平女神。

妈祖雕像（莆田湄洲岛）

妈祖受到历代帝王的褒奖，封号不断升格，从北宋到清代八百年间，共有二十一位皇帝对她褒封三十六次。从夫人、妃、天妃、天后到天上圣母，直至无以复加。

在天后宫建设及发展所面对的问题中，往往会带出妈祖信仰的教统归属问题，人们常常会提出：妈祖信仰到底是属于佛教、道教还是儒教。关于这个问题，您是怎么看的？

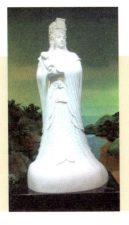

妈祖雕像（汉白玉，上海世博会福建馆）

妈祖是被世界公认、接纳了的土生土长的中国神话人物。

老子：妈祖母亲梦见南海观音，妈祖五岁会念《观音经》，也会念《道德经》，长大后妈祖能预知人之祸福，升天后又经常在海上显灵，救人于危难之中。妈祖信仰有浓厚的佛教色彩，也有道教的味道，更有儒教的痕迹。由此产生"妈祖信仰到底是属于佛教、道教还是儒教"的疑惑是很自然的。对此，不少专家和宗教界人士认为，妈祖信仰并不局限于某一宗教，无论佛教、道教、儒教，哪一教需要，均可纳入其范畴，此说有理。与关羽信仰一样，妈祖信仰是梦见信仰，并不属于哪一个教别。二〇〇九年九月三十日，妈祖信俗列入世界人类非物质文化遗产名录决议中，不论教别。妈祖在《绘图三教源流搜神大全》所述天妃事，正是明代三教合一盛行的写照。元代称妈祖为"南海女神"，进而由"南海"而联想到观音。又说天妃"五岁能诵《观音经》"，可见与佛教的观音关系密切。又有妈祖成道故事，说她还向老道士玄通学道，通悟"玄徵秘法"，进行修炼。这些都是典型的道教成道故事。应该说，妈祖集儒、佛、道于一身，焕发着三教大同的光芒。正由于此，妈祖才具有极强的凝聚力和吸引力，至今信众达近两亿人。妈祖信仰反映了中华民族刻苦耐劳、勇于探险、舍己助人的优良品德和文化精神。从根本上说，妈祖也是个智者，妈祖这一人物形象也告诉人们，"弃智"之说是不对的。

妈祖庙俯瞰（莆田湄洲岛）

妈祖从鲜为人知到家喻户晓、老幼皆知。这种由人格向神格化的演变是罕见的。全球有五千多座妈祖庙。

您老人家弃智的一大原因是反对和摈弃"经书"，在这一点上，说句不客气的话，您老人家没有孔子聪明。孔子看到礼那么复杂，不是采取抛弃的态度，而是"礼奢，宁俭"。也就是选好的用！为什么要弃而不用呢？古代留下的诗三千多首，孔子大删而特删，留下十分之一，把那有价值的三百零五首拿来用，拿来教育弟子。这是聪明人的做法，不像您，什么都否定。您说对吗？

老子：你们的批评基本上是对的，我的确不该对"经书"全部加以否定，但是，我要说的是，我那样大张旗鼓地反对"经书"，说要"弃"之，对后人也是一种提醒，让大家意识到：这里面也不全是好东西。

孔子在《论语》中只用一个"知"字，而在《老子》一书中，既用"知"字，又用"智"字，而且在含义上区分得十分明确。有学者认为，在老子那里，"智"应读"计"，音义皆同，有计较、计谋、计伪之义。老子是反对动用心计的。而"知"，则有知道、懂得之义，因此有"自知者明"的说法。"知"则"哲"也。

老子铜像

您是不是说"弃智"的提法也有一定的合理成分？从一定意义上说，"弃智"对老百姓也有好处？

程颢像

老子用"天人合一"的观念应对时代"生态危机"挑战。程颢阐述老子关于"天道"与"人道"和谐统一的思想时认为，天人之间合二为一当自然，明确指出："天人本无二。"(《二程全书·语录》)"天人合一"的哲学理念是应对时代"生态危机"的哲学思辨。

老子：我是这个意思。如果人们听从了我的话，走出"巧伪"的怪圈，堂堂正正地做人，规规矩矩地行道，那就会从精神到行为都进入一个更高的境界：自然的大境界比读几本经书要管用得多。我设想过："功成事遂，百姓皆谓'我自然'。"(《老子·十七章》)事情取得成功，不是靠人为，不是靠巧取豪夺，而是靠"我自然"。这样，横行霸道的人也会改邪归正，也会在我的劝导下走正道了。

"我自然"，就是我的世界我做主！那样的人，有多美！那样的人际交往，有多美！那样的世界，有多美！

老子铜像

能不能这样说，孔子和经书要缔造的是一个现实化的美好世界，而您想要建设的是一个理想化超世俗的美好世界？您太理想化了，这样，您的理论就显得玄之又玄、高深莫测了。最好的办法是将孔、老的理论结合起来，形成一种亦孔亦老的新理论。这一说法有道理吗？

老子： 能那样当然好，有人也设想过，称之为"儒道互补"。但对我来说办不到，大概孔子也办不到，这件事只能留给后代子孙去做了。现在你们在做的不就是这样一件大事吗？

孔子秉圭立像（新加坡彩塑贴金）

孔子白发白眉，一副笑容，可敬可亲，颇具老子之风采。

天师殿内的神位

据查，在魏晋之时，有些道家试图更接近儒家；到了宋代，有些儒家试图更接近道家。这充分说明儒道并非那么对立。冯友兰先生认为古典儒家功利性强，太现实，超脱不够；而道家又太玄虚，不够现实，容易走向消极。唐代两位大诗人——杜甫、李白，一个近儒，一个近道，同时代表了两种文化倾向，如果他们多向对方迈进一步，他们的人生必将更精彩。于是，冯先生力主"儒道互补"。这种主张有道理吗？

八四问老子

冯友兰像
冯友兰力主"儒道互补"。

老子：应该说这种主张有一定道理。有的学者用"一阴一阳"来比喻儒道两家，说儒家倾向于阳，道家倾向于阴。道家所肯定的是返璞归真的自然主义，返回到璞、素、真，这是道家的基点。儒家则是伦理教化的人文主义。这些说法，我是能够接受的。有人把我的思想溯源到母系社会，目前还未找到有力的佐证，我也不敢认同，而儒家继承、总结、提升了夏商周三代文明，这是有明显线索的。儒道两家呈现的对立统一格局，甚至已经成为中国文化的重要基因，体现于各个方面。

"天师殿"匾额

您说您的"弃智"只是"弃"经书之"智",这话听起来弦外之音好像是,您也相当重视除经书之外的知识,是不是这样呢?

老子：我把"知"看成是人生的大学问、大课题,而不是支离破碎地学这样那样的知识。我说过一句老幼皆知的话："知人者智,自知者明。"(《老子·三十三章》)这已经成为警世之语了。我觉得一个人一生中能求得两门大学问就可以了：一是知人的学问,也就是处世的学问。河上公注曰："能知人好恶,是为智。"这也就是说,能知人的人是有智慧的,处理人与人之间关系是有学问的。二是自知的学问,即了解自我和发展自我的学问。河上公注曰："人能自知贤与不肖,是为反听无声,内视无形,故为明。"在知人上达到"智"的程度,在自知上达到"明"的境界,那有多不容易啊!

河上公石像

河上公亦称"河上丈人",河上真人,是齐地琅琊一带方士,黄老哲学的集大成者,黄老道的开山祖师。河上公可谓历史上真正的隐士,他为老子作注的《河上公章句》成书最早,流传最广,影响最大,但是他的姓名、出生地无人能知。《神仙传》载："河上公者,莫知其姓名也。"

天师殿门联

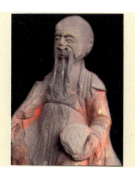

无论如何，您因为不满"智巧"而反对学习、反对教育总是不对的，这一点您承认吗？

老子彩绘石雕像（明代）

老子： 这又是一种误解。我是反对经书上提倡的那种学习方法和教育方法，但是我什么时候反对过一切学习和教育？"人之所教，我亦教之。"（《老子·四十二章》）别人说要搞教育，我同样也说要搞教育，只是教育的内容、形式、实质不同罢了。我甚至说自己是一个孜孜不倦的"教父"。现在日常使用的"教父"一词，就出典于我的《老子》。我的教育内容与众不同，我的教育方法与众不同，我的教育目标也与众不同。

三清殿

您说的"不言之教",也是庄子提出的重要的教育思想。"不言之教"最早见于《周易》。《周易·系辞传》说,"书不尽言,言不尽意"。提到了意、言、书三个层面。庄子认为意识领域的经验、情绪、深奥的道理等不可说,他在《庄子·天运》篇说到听乐的第一反应,"无言而心悦",无法把听音乐的感受说出来。您有与众不同的教育方法,请您讲讲这方面经验吧!

老子:我最反感的是那种喋喋不休的言教。"知者不言,言者不知。"(《老子·五十六章》)我这个国家图书馆的馆长,读的书还少吗?知识还少吗?可是,我很少向别人说什么。夸夸其谈的常常是那些"半瓶醋",似懂非懂就在那里大谈学问。那种人太可恶了。我提倡的是"不言之教"(《老子·四十三章》)。就是提倡用行为、实际行动去教育、感染和影响人。其实,我推崇"不言之教",孔子也认同这一点。孔子说过:"为人君者,犹盂也,民,犹水也。盂方水方,盂圆水圆。"这里告诉人们这样一个简单的道理:君主的言行举止,时时处处影响着民众。君主对民众的教育如此,圣人对平民的教育亦如此,师长对弟子的教育更是如此。孔子还有言:"其身正,不令而行;其身不正,虽令不从。"(《论语·子路》)这肯定是孔子晚年的话,是受了我的影响而形成的观念。 此话从一个侧面道出了"不言之教"的真谛,这有别于一般意义上的言教,也有别于一般意义上的身教。我不言,让学生自己去想,去思索,最后学生想"通"了,就什么都行了。可以说,孔子的"不言之教"是从我那里学到的。

《庄子·天运》书影

《论语或问纂要》(宋刻本,现存上海图书馆)

您不是说过，不用出门到外面去就能推知天下事理，不望窗外就可以了解自然万物发展变化的基本规律。您认为一个人走出去越远，知道的东西就越少吗？这不是在反对学习中的"行"、"见"、"为"吗？

墨子像

学术界一直有疑问：既然老子生卒年代在墨子之前，而且老墨两家同为言兵的大家，为何在《墨子》一书中不见墨子引述老子的话？专家们的看法：认为墨子一点没有提到老子，那是一种妄断。《墨子》原为七十一篇，今为五十三篇，谁敢说墨子提到老子的地方不在亡佚的篇章中？

老子：这是在《老子·四十七章》讲的。原话是："不出户，知天下。不窥牖，见天道。其出弥远，其知弥少。是以圣人不行而知，不见而名，不为而成。"在这里，我特别讲了：圣人不必亲自出行，就能知道外界的情况；不必亲自观察，就能明察秋毫；不必竭力去有所作为，就能成就大事。这可能是我在某次辩论会上的极端说法。我想，知人论世不能只看片言只语，要看全局、识大体，更主要的是要让事实来说话。我说这些话实际上要表达的意思是：要靠认真思索获取真知，而不能只靠"出户"。

《三教圣像图之孔子像》（金代）

孔子立于释迦牟尼之左，长须飘前，双手相合，面对老子躬身如作揖状。老子披发免冠，大耳垂肩，双手抱拳，如同向孔子还礼。这是孔子当年往周都问礼于老子的写照。

八九问老子

您这几句话挺有意思，您似乎在为自己辩解，您实际上也是又"行"又"见"又"为"的，是不是这样？

老子：是这样的。谁说我不言不行？如果那样，还会有《老子》五千言吗？我反对的是"淫言淫行"，而嘉许的是"美言美行"。据说宋代范祖禹在《唐鉴》中，对唐代君臣的言行，能够根据具体情况进行具体分析和评判，既不一味褒扬，也不全是批评，体现了"美言美行"的精神，这也是我所要倡导的精华所在。我说："美言可以市尊，美行可以加人。"（《老子·六十二章》）这里的"市"，是"得到""博得"之意。全句的意思是，美好的言辞可以博得别人的尊敬，美好的行为可以让人器重。我不是一般意义上反对"言"和"行"，我提倡的是"美言"和"美行"。我说过的一句很重要的话是："千里之行，始于足下。"（《老子·六十四章》）这话比那"不出户，知天下"更著名一点吧？既然"始于足下"，那就得从自己做起，从现在做起，我强调了"行"、"足下"就意味着要一步步地、脚踏实地地走自己的路。

杜预像

杜预为西晋大臣，博学多闻，好老、庄之学，精于《左传》。画像藏台北故宫博物院。

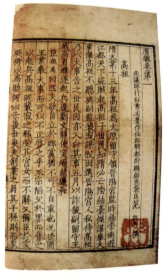

《唐鉴》书影（刻本，现存于上海图书馆）

《老子·六十二章》和《老子·六十四章》书影

有不少学者一直把您看成是脱离实际的空想主义者，这样看来，有点误会您了。您的那一套理论实际上也是来自生活的，是这样吗？

九○问老子

孟子像

战国时期，孟子"好辩"是出了名的，他批评完这家，又忙着批评那家，但他为何不对老子置一词？许多专家认为，这要与当时学术斗争的整个形势结合起来。当时的大势是"天下之言，不归杨则归墨"，"杨墨之道不息，孔子之道不著"。可见当时孟子最主要的论敌是杨与墨，不肯抛头露面而申言"不辩"的老子一时还排不上号。

老子：是这样的。我主张少说多做，"言有宗，事有君"（《老子·七十章》），就是说讲话要有根据，也要有宗旨，不能乱说一气。我主张要多观察，"观其妙"、"观其徼"，就是观察事物的全过程，观察事物的奥妙所在。还要"观复"，就是观察事物的变化回复。我主张多看看，"视之不见，名曰夷"《老子·十四章》。这里的"夷"指平坦无阻。全句意思是说，不仅要看表面的东西，还要看隐藏在事物背后的东西。我主张多听听，"听之不闻，名曰希"（《老子·十四章》）。这里的"希"指真实。全句意思是说，要听到别人听不到的东西，那才算真正有本事呢！我主张多做多为，最有名的话是："天下难事，必作于易。天下大事，必作于细。"（《老子·六十三章》）意思是说，天下的困难事，一定要从容易处着手；天下的大事，一定要从小事做起。从小事做起、从容易的事做起的思想往往被人忽略或忘记，这是很不应该的。庄子《逍遥游》也论及这一点，现在我提出来，供大家参考。

十四章

视之不见名曰夷听之不闻名曰希搏之不得名曰微此三者不可致诘故混而为一一者其上不皦其下不昧绳绳不可名复归于无物是谓无状之状无物之象是谓惚恍迎之不见其首随之不见其后执古之道以御今之有

《庄子·逍遥游》书影

《老子·十四章》书影

老子铜像

　　春秋时期的文化大师们，一个个都自以为是治国治民的高手。他们在"无义战"的乱世，各自开出了安邦定国的"良方"。在热闹非凡的争鸣声中，唯有老子显得冷峻而沉静，泰然而自若。他献给世人的是"无为而治"这一定海神针。他告诉人们：道本无为，作为由道而生的每一个人和人的群体，你有为得了吗？须知，"无为"才能"无不为"啊！

实际上，在您那个时代百家争鸣的局面已经形成。王权威风扫地，诸侯、大夫专横跋扈，士人自由放言。绝大多数的士人说的都是"该如何"，而您与众不同。您说，这全不对，"该如何"都不管用，现在需要的是"不该如何"。这"不该如何"告诉人们的就是"无为"。我们可以这样理解吗？

严君平像

原本姓庄，本名庄遵，字君平，西汉末期道家学者，日得百钱足自养，即闭门读《老子》。精老庄之学，著有《老子注》和《道德真经指归》十三卷，使老子的道家学说更加系统化，促进了道家学说的发扬光大。前书已佚，后者今仅存七卷。

老子：你概括得有一定道理，但还不全面，还不够准确。在我那个时代，有名的学说派别有上百家！"聪明的学者"都说出了自以为是的"该如何"：孔子说该完备礼制，实现礼治；墨子主张兼爱、非攻、尚贤；晏子提出要赏罚分明，反对另树别党，反对搞小团体。这些都可归结为"有为"两字，而我却反其道而行之。人们都在说"该如何"，我偏说"不该如何"。人们都在说"有为"，我偏说"无为"。在"无为"这一点上，我是独树一帜的，因此遭到的批评和误会也特别多。

鹿邑老子广场牌楼

您与其他学者"对着干",是不是要刻意"创新",或者想以新说吸引人们的眼球?

慧约像

　　慧约为高僧,崇信老、庄无为之说。像载《佛祖道影》。

老子: 不是。我的"无为"之说,是从"道"出发的。"道"是什么?"道"就是无为,"道"就是自然。顺其自然也就是无不为了。套用上面的说法,我认为懂得了"不该如何",也就懂得了"该如何"。严格地说,我的"无为"说既告诉人们"不该如何",又告诉人们"该如何"。我是万变不离其"道","道"的本质就是"无为",所以人们称以我为代表的学派为"道家"。

庄子祠逍遥堂外景

"无为"云云，关键还在于一个"无"字。直白地理解，"无"是否就是什么都没有、什么都不干？何新在《老子新解》一书中说："认为'无为'即'不为'，这是大谬不然的。"您认为这种说法正确吗？

老子：何新的说法是正确的，我反对望文生义。"无"是一种大境界。"有物混成，先天地生。寂兮寥兮，独立而不改，周行而不殆，可以为天下母。"（《老子·二十五章》）这就是"道"，这就是"道"所言的"无"。在我看来，"无"是"先天地生"的，如果将天地视为"有"的话，那么先于天地的就是"无"了。"有"生于"无"，"无"比"有"更原始，更本质。我推崇的"无为"的"无"，就是要人们理解这样一种独立、混成、周行不殆的大境界。这与什么都没有、什么都不干不是一回事，至少不完全是一回事。

鉴真像

鉴真，唐朝僧人，律宗南山宗传人，深受庄、老思想影响。天宝初应邀东渡日本，建唐招提寺，天皇授为传灯大法师。日本民众称鉴真为"天平之甍"，意为他的成就足以代表天平时代文化的屋脊（意为高峰）。

三教图（明代丁云鹏纸本笔绘）

图中有孔子、释迦牟尼和老子三人。孔子戴冠穿袍，面对老子坐于席上，该图表述了三教合一的思想。三教合一的人物画盛传于明代。

有的学者认为最先将"无为"引上"无所作为"歧途的是《淮南子》的作者。在《淮南子·修务训》中说:"无为者,寂然无声,漠然不动,引之不来,推之不往,如此者乃得道之像。"这样就在将"无为"与"无所作为"之间错误地画上了等号,是这样吗?

慧远像

慧远为高僧,净土宗初祖,博通六经,尤善老、庄,后从道安出家,精般若性空之学,立精舍于庐山,与慧永等结白莲社。塑像为宋人所塑,在山东灵岩寺。

《问礼老聃》(选自明彩绘绢本《圣迹之图》)

孔子于鲁昭公二十四年(公元前518年)带弟子南宫敬叔、子路等由曲阜出发到洛邑,不远千里多次向周朝柱下史老聃学习周礼。《史记·孔子世家》《庄子·天运》等载有此事。

老子:《淮南子·修务训》中所引述的这段话,是当时流行的一种错误观点,不纯然是作者本人的观点。我的"无为"由于是针对"有为"而提出来的,因此容易被理解成"无所作为""不为"。其实,《淮南子》的作者在观点上有点游移,有时是反对将"无为"理解成"固执地不为"的。在《淮南子·主术训》中说:"无为者,非谓其凝滞而不动也,以其言莫从己出也。"《淮南子·修务训》中也说:"若吾所谓无为者,私志不得入公道,嗜欲不得枉正术,循理而举事,因资而立功,自然之势,而曲故不得容者。事成而身弗伐,功立而名弗有,非谓其感而不应,攻而不动者。"《淮南子》的作者明确指出,"无为"是指行为不出于一己之嗜欲、私利,因循自然而为。

北宋时《老子》注家所阐述的"无为"，从主观方面来说，就是不要有主动兴事造作的意愿。有的学者认为，"至人无心于作"（太守张氏《道德真经集注》卷二），这里所言至人做事时的"无心"，并不是说做事不加任何思考。其所谓的"心"，主要是指帝王的私欲之心、逞强好胜之心、好大喜功之心。我们这样解释对吗？

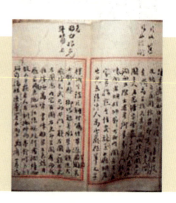

老子：这是有道理的。《鬼谷子》继承了《老子》的思想；北宋《老子》注家把"无意于为"作为"无为"的主观要求，其用意有两个方面。

其一，是劝帝王要清心寡欲，以免生事扰民。陈景元说："至人君子，常淡泊其心，不以纷华荣观为美，无为宴安，超然远寄，遗其骄侈，此亦守重静之旨也。"（陈景元《道德真经藏室纂微篇》卷四）

其二，是劝帝王不要自恃己能。陈景元说："夫圣人无为，何尝显见己之才能。"又说："夫圣人纯一无为，何尝有争竞之心哉。"（陈景元《道德真经藏室纂微篇》卷四）这完全符合我的本意，我曾经说过："故以智治国，国之贼；不以智治国，国之福。"（《老子·六十五章》）北宋《老子》注家强调"无心而为"，其目的也是防止帝王自以为是。

《道德真经藏室纂微篇》书影

《道德真经藏室纂微篇》编纂者为北宋高道陈景元。陈景元字太初（一说字太虚），号碧虚子，著名道教学者。宋神宗曾赐号"真靖大师"。负笈游名山，于天台山遇鸿蒙先生张无梦，遂得其《老》《庄》微旨。乃隐逸于江淮间，以琴书自娱。

鬼谷子下山图罐

鬼谷子与老子的"无为"是有共识的。《鬼谷子》继承了多方面的老学，如把《老子》"阴阳化生"学说用来分析社会事件的阴阳属性和变化发展，又把《老子》的"弱用之道"发展为游说、操纵君主决策的种种权术。"鬼谷子下山"的故事出自《战国策》。故事说的是战国时期，燕国和齐国交战，为齐国效命的孙膑被敌方所擒，他的师傅鬼谷子前往营救，率领众人一行下山。元代青花人物罐"鬼谷子下山"描绘的便是鬼谷子下山的情景。

您说的"无",是否相当于佛家所言的虚无？佛家认为生命中的一切"四大皆空",死才是"生命的大自由"。由此看来,您的学说好像比较接近佛学,您说是不是这样？

子路像

　　子路向孔子"问死",孔子很不高兴。

清代民间刻印的孔子图像

老子： 我的学说与用"空"字来概括人生的佛教学说是大不一样的。从根本上说,佛学是彼岸哲学,而我的学说总体而言是此岸哲学。彼岸哲学的希望在于死后,即所谓的"来世",今生今世的一切,都是为来世做准备。而此岸哲学的主旨在于今生。孔子的学生子路向孔子"问死",孔子不高兴了,回答是："未知生,焉知死？"（《论语·先进》）意思是说,我生都还不完全了解,哪里会去研究死呢？在这点上,我与孔子有共同点。我们研究的主旨都在于今生,在于现世,在于"生"而不在于"死"。但庄子对"彼岸"想得比我多。

　　有位叫南怀瑾的学者把我定性为"在出世与入世之间",说我"行云流水,顺其自然"。我认为那只是触摸到了我思想的一点边缘,总体上我对此说并不认同。我最后隐居了,隐居用孔子的话来说是"避世",避世与出世是大不同的,我避的是"乱世",避的是"有为"之世。我最终是要用我的"无为"之世,取代"有为"之世。其实,我的观点,我的为人,还是很入世的。有学者明确说"老子乃最现实者",这有一定道理。

您说了那么多，我们还是不太理解。您说您很"入世"，一点儿也不"虚无"，可是，您一再说为人要"虚其心，实其腹"（《老子·三章》），一再说要"虚而不屈"（《老子·五章》），一再说要"致虚极，守静笃"（《老子·十六章》）。一而再、再而三地言"虚"，不正说明了您的内心很空虚吗？

老子：恰恰相反，上面引述的"三虚"（虚无、虚心、虚极）正好说明了我并不那么"空虚"。第一"虚"，我是将"虚其心"与"实其腹"对应起来说的，这正说明了我所说的"虚其心"是一种大胸怀，告诉人们，只有不拘于小节，不纠缠于细节的"虚心"人，才能有饭吃。其最终追求的还是"实其腹"，让百姓有饭吃。许多搞政治的人，搞来搞去，连"实其腹"这一条都解决不了。第二"虚"，讲的是状态，要做到"虚而不屈"，实在不易。"不屈"，就是不匮乏，有实际内容，有实质性的东西。这也是讲虚中有实。第三"虚"，是讲一种人生境界，虚境即静境，"虚极"即"静笃"，静到了一种极致状态。那是得修炼许多年才能达到的一种大境界。

《老子·三章》《老子·五章》书影

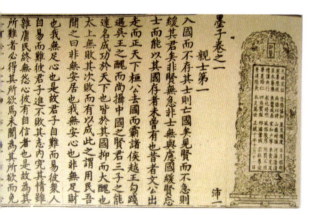  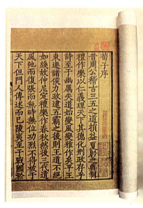

《墨子》《孟子》《荀子》书影

　　中国上古时代文字大量的是单音词，也就是一个字就是一个词。随着社会的发展，人们的思想进一步丰富，也就有了更多的复音词。因此，由复音词的多寡可断定某一部著作产生的大致时代。有学者做了一个统计，今本《老子》共五千二百六十一字，其中单音词为五千一百三十二个，而复音词只有一百二十九个（包括重复使用的），大大少于后来的《墨子》《孟子》《荀子》等子学作品。这也是老子为春秋时期人的一个明证。

您说"无"并不虚，就是说"虚"也并不空，很实在，很实用，很实际。这些道理似乎有点儿玄。您能不能举一些实例来加以说明？

唐僧像

唐僧取经归来后，花很多精力从事佛经的翻译工作。可是，不久就接到将《老子》五千言译成梵文的皇命，皇上以为那样可以打通佛、道的界限。自此以后，唐僧一面研读《老子》，一面与助手一起从事《老子》的翻译工作。经过多年努力，这项创造性的工作终于完成了，唐僧也终于明白了"佛言似道"的道理。只可惜唐僧亲自主持翻译的这部作品，后来失传了。

老子雕像（河南老君山）

老子：可以的。我说三个实例，一定能说服各位。

一辆车子，车轮上有三十根车辐集中到车轴上，中间是"空"的，那样才能用。其车斗也是"空"的，那样才能装东西。

一件器皿，用水和上泥土，捏成一定的器形，再加以烧烤，使之定型。不管是何种器皿，它必须中间是"空"的，才能装物品，才能为人所用。各种形态的器皿空、无、虚，才能有用。

一间房子，用一块块泥砖或石头砌起来，用一片片瓦盖起来，如果中间是"实"的，那怎么住人啊？那不是个大笑话吗？墙壁上要有"空"的，那就是窗和门，房子的中间也必须是"空"的，那才是房间啊。

这三个是最为常见的实例了吧，我把它们都写在《老子》中了。我的结论是："故有之以为利，无之以为用。"（《老子·十一章》）高亨在《老子正诂》中说得好："此章亦老子之相对论也。常人皆重'有'而轻'无'，取'有'而舍'无'，以为'有'有用于人，'无'无用于人。老子欲破此说，故有斯言。"说真的，这里我把"无"的功用发挥到了极致。我以为，"有"只是为人创造一种便利，即条件；而真正发挥作用的是"无"，即"无之以为用"。

把"无"看成是对人最有作用的东西，是我的一大创新。请大家想一想，实际情况是不是这样呢？

弄清了"无"以后,我们可以来讨论"无为"了。有人在"无为"与"什么事都不干"之间画了一个等号,那样妥当吗?

老子:这是一种误解。如果真的是什么事都不干,那我还辛辛苦苦地写《老子》干什么?既然"无之以为用",那么,"无为"就是达到"用"的桥梁和通道。"无为"的最高境界是顺其自然,人作为智慧的动物常常是自以为是,"顺"的常常不是自然,而是自我,因此,要达到"无为"的境界就有一个克服以自我为中心、完善自我的问题。我把这种克服以自我为中心和完善自我的过程称为"修",也就是修理,当然也可解释为修养。"修之于身,其德乃真;修之于家,其德乃余;修之于乡,其德乃长;修之于国,其德乃丰;修之于天下,其德乃普。故以身观身,以家观家,以乡观乡,以国观国,以天下观天下。"(《老子·五十四章》)这"观"就是观察,就是比较。小至个人,大至天下,又要"修",又要"观",怎么可以说什么事都不干呢?要干的事多着呢!

唐太宗像

唐太宗李世民登上皇帝宝座以后,着重进行思想文化上的整顿。他发出了著名的《令道士在僧前诏》。他在这份诏书中明确承认,老子为"朕之本系",同时,"天下大定,亦赖无为之功"。而僧教"基于西域,逮于后汉,方被中华"。因此,"斋供行立,至于称谓,其道士女冠,可在僧尼之前"。唐太宗要求这份诏书即刻"报告天下,主者施行"。

编钟

《老子·四十一章》有"大音希声"之言,后人常用它来说明老子对音乐的看法。其实,老子原本并非专论音乐,而是后人所作的引申理解。"大音"的"音"并非专指音乐,而是指自然界的一切声音。"大"的意思就是最本原的东西。他从"道可道,非常道"这种理论出发,十分轻视世俗礼乐,认为:"五色令人目盲,五音令人耳聋。"老子认为礼乐不仅不能安民,反而会使人生欲惹祸。因此,他主张取消礼乐,"无为而为"。这里排列的编钟是春秋战国时一组精致的乐器,在儒家看来那是个"宝",而在老子眼里却怎么也不能与天籁的"大音"媲美,实因"五音令人耳聋"!

既然"无为"的终极目的是顺其自然，那么，人虽然干这干那，如果不懂得顺其自然这一根本的原则，最后还是会无所作为的。您说是不是这样？

武则天像

武则天时，佛教的地位一天天上升，大有排斥道教唯我独尊之势。这时，作为女皇的武则天站了出来，她为道教说了一番好话，并强调"佛本因道而生，老释既自玄同，道佛亦合齐重"。武则天还为"僧道并重"定下了规矩："自今后，僧入观不礼拜天尊，道士入寺不瞻仰佛像，各勒还俗，仍科违敕之罪。"

老子：看来关键是怎样诠释无所作为和有所作为的问题。在我看来，人从初始的自作自为，到走向顺其自然的过程，就是一个有所作为的过程。"功成事遂，百姓皆谓我自然！"（《老子·十七章》）从自然是身外的客观，到"我自然"的境界，客观演化成了主观，这不正是有所作为吗？

在我看来，很多人就是终其一生也达不到"我自然"的境界，还只是自然是自然，我是我。当我与自然浑然一体的时候，我就进入了无为的大境界、高境界。

杨贵妃像

杨贵妃天生丽质，与西施、昭君、貂蝉并称中国四大美女。杨贵妃与唐玄宗一起常读《道德经》，研究老庄之学，奉行"内用黄老，外示儒术"。

老子雕像（唐代）

有的学者认为"因其自然"的"无为"思想，有严重的消极因素，具体到政治上来说，对于贪污腐败这样的丑恶现象，如果也"因其自然""无为而治"，那不就是放任自流吗？

老子：这还是一种误解，前面已经说了，"无为"并非"无所为"，"因其自然"也并非任其胡作非为、无法无天。苏辙说："（圣人）其治天下，非为之也，因万物之自然，而除其害耳。"（《道德真经注》卷二）既然要"除其害"，显然对"万物之自然"不能只放任之而不采取适当的措施。对那些妨碍我"自然"的做法和人，采取"为"的断然措施，正是为了"无为"。具体地说，对丑恶现象，我也是以"因其自然"的观念警示其人其事的。"富贵而骄，自遗其咎，功遂身退，天之道"（《老子·九章》），对那些一门心思搜刮钱财的"富贵"者，我警示他们要顺从"天之道"。对那些好战分子，我警示他们："兵者不祥之器，非君子之器。"（《老子·三十一章》）"无为"是警示和制约社会丑恶现象的利器。

苏辙像

宋代文学家苏辙在《老子解》中提出孔子、老子观点有根本对立之处，强调儒教与佛教尤其是南宗禅一致，有学者认为苏辙《老子解》成了无心无欲的修养论。

老子博物馆大门

您对赤子赞美有加！您在《老子·五十五章》中说，含德深厚的人，好比初生的赤子。这个赤子可了不起，他躺在那里，毒虫来了不咬他，猛兽来了不害他，凶鸟来了不搏击他。婴儿的筋骨多柔弱，但是他的拳头握得多么紧啊！再看那个小男孩，他还不知道男女间的事，但他小小的根儿（生殖器）却翘起来。这是因为婴儿精气专一与充足啊！他整天号哭，但是喉咙却不嘶哑，这是因为和谐到了极点啊！您对婴儿的赞美达到了极致，看来"婴儿""赤子"是您笔下得道者一个非常美妙的形象。不少学者读后，深感这是一位哲学之父献给婴儿的美妙的哲学诗篇，是这样吗？

《老子·五十五章》书影

老子：过奖了。我的原话是这样说的："含德之厚，比于赤子。蜂虿虫蛇不螫(shì)，猛兽不据，攫(jué)鸟不搏。骨弱筋柔而握固。未知牝(pìn)牡之合而全作，精之至也。终日号而不嗄，和之至也。"（《老子·五十五章》）我在这里用"赤子"来比喻有厚德、明白天道的人。赤子之"赤"，原意为不穿衣衫之人也，赤条条的原生态之人也，后来引申为不加文饰的朴素实在之人。我对赤子的观察与体悟都渗透到"道"的内核中去了。我阐明得"道"的特征是：专一、纯真、不争、无为；内部精气充足，并且达到极致，因此能顺合自然，无为无不为；精气和谐到极点，因此能趋于自然，有益于人生。这就是所谓"精之至""和之至"，这样就把"婴儿""赤子"与"含德之厚"者联系起来了。

天静宫门联

您说过，"明白四达，能无为乎"（《老子·十章》）。这"能无为乎"有的版本作"能无知乎"。学者们为此争得不亦乐乎。今天还是由您自己来道个明白吧。

《老子·十章》书影

老子：其实，在我看来，这种争论是徒劳的，意义也是不大的。要我自己作解，我会说："两种意思都有，都可以。"一个人要做到心中明白，通达四方，能无所作为吗？同时，通达四方的人会是无知无识的人吗？我要说的是，有时不同版本提供的可能是我的两种相通的思维模式。不一定是非此即彼，有可能是亦此亦彼。

又是无为，又是无不为；又是无知，又是无所不知，这才是我老子的哲学思想。

康僧会像

康僧会为高僧，信奉老、庄之学，在建业（今南京）设像行道，孙权为造建初寺，系江南佛寺之始。

《道藏》书影

《太平经》是道教的主要经典，以阴阳五行解释治国之道，宣扬散财就穷、自食其力，又名《太平清领书》，系东汉原始道教重要经典。原书分十部，每部十七卷，共一百七十卷。今《道藏》本仅残存五十七卷。

《道德经》书影

哦，我们懂了，原来您所说的无为，既不是什么事也不干，也不是无所不为，而是一种您所倡导和认可的特殊的生活方式、生存方式，甚至可以说是一种特殊的生命运作方式。我们这样理解没有违背您的旨意吧？

老子：没有，我觉得你们理解得很到位。人有各种各样的活法，我提倡的是"无为"的活法。按照我的这种方式去生活，人就活得舒坦、自然、自由，不会像有些人那样感到活得很累；人与人之间相安无事，天下也就太平了。"天下本无事，庸人自扰之。"很多事都是那些"聪明人"自己搞出来的。"有为"的生活方式就是有太多繁琐的事，太繁琐了，生活就累。我的"无为"让我们生活得简单，生活得轻松。你们现在也常说："高尚的人也是简单的人。"这话不是与我的哲学思想一致吗？

道德中宫（又名老祖殿）

位于今亳州市老子殿街，始建于唐，重建于明万历年间，为纪念老子的宫观。宫前有问礼巷，相传是当年孔子向老子问礼之地。

既然承认"无为"是一种生命的运作方式,那么请问先生,有没有把握生命运作的要诀呢?

老子:也可以说有吧!我归结了一下,称之为"生存十诀"。这十诀是:一曰无私;二曰去欲;三曰朴素;四曰宁静;五曰不争;六曰守柔;七曰退避;八曰糊涂;九曰放弃;十曰报德。这十条其实就是一条,那就是"无为",以"无为"来支配和运作自己的生命,那是无比美妙的。

司马光像

《资治通鉴》的编撰者司马光认为老子为"古之博大真人",专作《道德真经论》。

天静宫

您说的太让人感兴趣了，请先生一诀一诀地讲一下吧！请您先说一说人生第一诀：无私，好吗？提倡无私的不仅仅是先生一家吧？

王夫之像

　　思想家王夫之对老学求其真谛，并赞许有加，专作《老子衍》。

庄子祠南华经阁

　　老子："无私"这个概念不是我提出来的，"死不旋踵"的墨家说过，不留情面的法家也说过，连综合各家的杂家也说过。吕不韦还专门写了《去私》《贵公》篇呢！但是，我与他们的思想和主张都有所不同。我所说的"无私"有两条是最基本的：一是办什么事都要置身事外，先想想别人，想想百姓；二是"无私"与"有私"的统一，这种无私的人最终反而能成全他自己，这叫"以其无私，故能成其私"（《老子·七章》）。"无私"是主观，而"有私"是客观，是实际的结果。这种"无私观"不像墨家那样自苦，也不像法家那样缺乏人情味，比较容易被人接受，也比较符合实际情况，理论上也是站得住脚的。

您把"欲"视若仇敌。我们大概数了一下，在《老子》中，一共有近十处讲到"无欲"或"不欲"，这还不包括近似的说法。可见，先生的"去欲"决心很强。在我们看来，先生这么大张旗鼓倡导"去欲"，在理论上是错误的，所起的社会作用也是消极的。您认为我们说得对吗？

老子：说我的"去欲论"在理论上有不足，甚至是错误的，我接受。从某种意义上讲，正是人们的欲望，推动了社会的发展——这是你们说的。

其实，在"欲"的问题上，我也不是把人类的一切欲望都否定。怎样提妥当呢？我有多种思考。在提倡"无欲"的同时，我还提倡"节欲""寡欲"，现在看来，后面两种提法比较合理。一方面，我们应当看到，物欲横流会造成很大的社会危害，国之亡，族之灭，人之垮，都与物欲的泛滥直接相关。另一方面，"欲"也不能一点都没有，"欲"不能全"去"，但应"节"之、"寡"之。人的思想是不断发展、完善的，我也不例外。"节欲"和"寡欲"思想，应该是我晚期的思想。

纪晓岚像

清代纪晓岚曾作《校老子》，他说道家是"综罗百代，博大精微"。

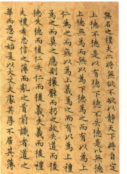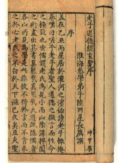

《老子道德经玄览·序》（玄览序）

朗公像

朗公为高僧，是灵岩寺开山祖师，像为宋人所塑，在山东灵岩寺。

白居易像

白居易是唐代的大诗人，又是一位贯通各家各派的大学问家。他曾经花很多时间研读儒、释、道三教教义，后写成《三教论衡》一文。他得出的结论是："(三教)虽名数有异同，约义立宗，彼此亦无差别。所谓同出而异名、殊途而同归者也。"在唐代皇家规定"道一、儒二、释三"的大背景下，白居易的"三教同归说"具有积极的意义。

我们在批评您的"去欲"观的同时，也注意到了，您的这一理论的大背景是针对时弊的，当时处于社会转型期，的确是物欲横流，在这种情况下，把"欲"的问题提出来，具有警世的作用。我们理解得对吗？

老子：对。社会转型期往往会出现物欲横流的现象，西方世界甚至称这种社会为"色欲社会"。在这样的社会中，总有那么一些人会被色欲的大潮淹没甚至丧失宝贵的生命。在这节骨眼上，提出警世之言，大有必要。我说过这样一段话："金玉满堂，莫之能守。富贵而骄，自遗其咎。"这段话后来经改造后写在《红楼梦》第一回中："金满箱，银满箱，转眼乞丐人皆谤。正叹他人命不长，那知自己归来丧！……因嫌纱帽小，致使锁枷扛；昨怜破袄寒，今嫌紫蟒长；乱烘烘你方唱罢我登场，反认他乡是故乡。皆荒唐，到头来都是为他人作嫁衣裳！"我"富贵而骄，自遗其咎"的说法能启示后人进行深刻的思考。

清《红楼梦》刻本插图

先生还提出了"朴素"这个大概念。您说的"朴素"与我们现在常说的"朴素"有什么异同呢?

老子： 问得好，它们的确既有相同之处，又有区别。相同之处在于都强调生活上的艰苦自律，提倡够吃够穿够用就行了，不要有过分的追求。而我说的"朴素"或"素朴"所指要广泛得多，也更根本一些。"素"指的是丝不染色，"朴"指的是木尚未加工，都有保持本色的意思，也就是保持原生态的意思。"见素抱朴，少私寡欲"（《老子·十九章》）。"见"，通"现"，就是要再现本色，保持原质。这是一个过程，持有原质的，要一直坚持下去；失去本色的，要再现本色。这个原质和本色，就是"少私"和"寡欲"。这样看来，朴素是得道的过程，是回复原质和本色的过程。

刘禹锡像

刘禹锡大力提倡老子学说，所著《天论》有不少宣传老子自然观的内容。

《老子道德经》（吴兴董汉策注）书影

《老子·十六章》书影

我们常说"宁静致远"，您把"宁静"纳入"无欲"的大框架中，具有深远的意义和很高的价值。河上公在注"守静笃"(《老子·十六章》)一语时说："得道之人，捐情去欲，五内清静，至于虚极。"我们觉得此注有道理。"守静"是一种内心体验，关键是要控制自己的感情，抵制物欲的诱惑。您认为这样说对吗？

老子：这种解释是可以的。这里要说明的是，要坚守住一个"静"字，不只是一般意义上的"五内清静"问题，还要在纷繁的世界面前取静观的态度。宋代的苏辙说得好："虚极静笃，以观万物之变，然后不为变之所乱。"以不变应万变，这就是我们常说的立场问题。面对大千世界，你怎么变都可以，但要保持根本的一条：去私寡欲。因此，我又说："归根曰静，静曰复命。"(《老子·十六章》)"守静"就是守根本，守寡欲之本。"复命"就是回复到本命。复命是一个过程，也是修养的目标。"复命曰常，知常曰明"(《老子·十六章》)，只有懂得复命的人，才能懂得常道。

问礼雕像(鹿邑)

115

在您的大作中，"不争"这个词使用的频率特别高。您所处的那个时代是"争"的时代——争权、争利、争地盘、争名声、争霸、争雄，连士人间也大打"口水战"，争个没完没了，名之曰"争鸣"。您站出来大声疾呼："不争！"这样有用吗？

老子：我也知道不怎么有用，但是我还是要大声疾呼。老是那样吵吵闹闹，成何体统？天下何时

鹿邑"老子文化广场"石匾

平静得了？我是想通过"不争"这个口号来调节人际关系，改善人际关系。"夫唯不争，故无尤。"(《老子·八章》)尤者，忧也，怨恨也。争来争去，大家心中都有一肚子的气，一肚子的怨情，何必呢？人生苦短啊！要做到"不争"，说难也不难，那就是要有一颗利他之心，"水善利万物而不争"，你看那江河之水，灌溉农田，施利万民，"水往低处流"，它就是那样心甘情愿地居于下位，这是何等可贵的利他精神啊！有了这种精神，人与人、国与国就怎么也"争"不起来、打不起来了。这里附带说一句，这"不争"不是也被你们用上了吗？

"不争"之论，可让事物在发展中自然地表现自身的走向，也可省去不少人为造成的麻烦。联系后世之事，于今观古，可以加深对我"不争"之论的理解。

太清宫对面的老子文化广场

"大道同源" 石匾

您有一句惊人之语："守柔曰强。"(《老子·五十二章》)意思是说，谁能守住柔弱，谁就是刚强者，谁就能最终战胜那些表面看来很强大的对手。看来，在世事纷争的乱世，您是站在柔弱者一边的。是不是这样呢？

老子： 话可不能那样说，这不是站在强者一边还是站在弱者一边的问题，我只想揭示事物发展过程中一种内在的东西。我要说的要旨是：一切强盛者，都是从柔弱者发展而来的，从来没有一开始就很强盛的东西。但是，我要指出，柔弱者不一定能发展为强盛者，由弱变强要有一个基本的条件，那就是"守柔"。"守柔"的"守"字很有深意。"守"有"保持"的意思，也有"弘扬"的意思。"柔"的优势就在于"韧"，虽无锋芒，但善于守住自己内在的力量。先把那些好东西"守"住，再从中培育出种种可持续发展的因素来，久而久之，就会变得强大。如果把原先"柔"的东西放弃了，那你还有什么本钱强大起来呢？

太清宫大门

您说过"功遂身退"(《老子·九章》)之类的话。您与孔子明显不同,孔子要他的学生(当然也要他自己)"知其进,不知其退"。他的口号就是:向前,向前,向前!永不停止。而您却主张适可而止,甚至"适可而退"。我们能不能说孔子的哲学是"进"的哲学,而您的哲学是"退"的哲学?

老子:不能简单地得出这样的结论。我的确与孔子不同,正如你们所说,孔子主张前进、前进、前进,吹的永远是进军号。而我呢,有进,也有退,可以说更多想到的是退,也就是说,在进时也要想好退路。上面说到"功成",就是进。可以说,功成是进所取得的阶段性成果。我是个很细致的人,到这时,已想到了退,就是要冷静下来想一想、看一看,有哪些是可取的,哪些是不可取的。"后退一步天地更广阔",这无疑是道家思想,我完全相信这一点。"进道若退"(《老子·四十一章》),只有在道术上有进步的人,才懂得后退一步的价值和可贵。

"为而不争"石匾
语源于《老子·八十一章》:"圣人之道,为而不争。"

白云道观里的真武大殿

郑板桥曾写过"难得糊涂",其复制品在全国各地很多旅游景点都有出售。郑板桥好像成了"糊涂"的祖师爷。其实,读您的作品,我们发现这一观念的"版权"还得归属于先生您。您说对吗?

"道法自然"石匾

语源于《老子·二十五章》:"人法地,地法天,天法道,道法自然。"

阮籍像

阮籍为三国魏文学家、思想家,好老、庄之学,蔑视礼教,系竹林七贤之一。画像藏上海博物馆。

老子: 你们这样一提,让我想起来我确实说过那样的话! 我在《老子·四十一章》说过:"明道若昧。"那些真正懂得道术的人,我称之为"明道"的人。这种人常常表现得很暧昧,暧昧就是糊涂。还有,明道者常常大处明白,小处糊涂。如果处处明白,那反而会在节骨眼上犯糊涂。这里,我实际上说的也是"难得糊涂"。说我是"难得糊涂"的真正祖师爷,这我同意!

说到"糊涂"两字,我又想起了《红楼梦》。《红楼梦》中写金陵城中有个仁清巷,巷里有座古庙,人们称之为葫芦庙,庙旁住着一户乡宦人家,主人称为甄士隐。《红楼梦》这样的编排,其意何在? 脂砚斋主人评曰:"葫芦庙者,糊涂也。故假语从此具焉。"甄士隐的"甄",即"真"也,与"贾"府的"假"相对。把"真"的甄士隐,放在"糊涂"的葫芦庙旁,是在告诉人们,率性真诚的人,往往在利欲上是糊涂的,这里说的糊涂,是恬淡的意思。这也是我的思想在"红学"中出神入化的体现吧!

先生说过:"持而盈之,不如其已。"(《老子·九章》)意思是说,要想把持某种东西,全部占有某种东西,倒不如放弃为好。"不如其已"的"已",就是作罢、放弃。您的"放弃论"也是很有名的。请您对此解释一下好吗?

"厚德载物"石匾

语源于《周易》中的卦辞:"天行健,君子以自强不息;地势坤,君子以厚德载物。"

老子:在我看来,得到些什么,正像失去些什么一样,都是很正常的,也是符合自然之理的。但是,如果刻意把持和占有,那是我不主张的。"盈",满也。我更不主张满满的、全数为我所有,因为那是不可能的,也是不道德的。作为一个得道者,在发生这种情况前,正确的态度应该是主动放弃。这也是一种"不争"的态度。"争"的引发常常与多多益善、贪得无厌有关。不想"盈"的人,往往是有谦让精神的人,都自愿"让"了,还争什么呢?

阮咸像

阮咸为阮籍之侄,与阮籍并称为"大小阮",好老、庄之学,系竹林之贤之一。画像藏台北故宫博物院。

王戎像

王戎为西晋大臣,好老、庄之学,系竹林之贤之一。画像藏上海博物馆。

在《论语·宪问》中,有这么一段话:"或曰:'以德报怨,何如?'子曰:'何以报德?以直报怨,以德报德。'"这段话的意思是:有人问孔子,用恩德来报答怨恨,这样做怎么样?孔子的回答是:为什么要那样做呢?应该以正直来报答怨恨,以恩德来报答恩德。有人说,这段话中的"或"指的就是您老子,孔子的学生在编《论语》时是在不指名地批评您,是这样吗?

孔子见老子图(浅浮雕)

道宣像

道宣为唐朝高僧,律宗第九祖,喜庄老之虚无之学。居终南山白泉寺,为"南山宗"创始人,尊为南山律师。画像为南宋人绘,藏日本泉涌寺。

老子:我看应该是这样的。那是我与孔子见面时辩论的一大课题。表面看来,孔子的做法很合乎情理。你以怨对我,我可不是以怨报怨,而是以"直"应之,那样做已经够"君子"了,而我的"以德报怨"似乎太差劲了,人家打上门来了,你为何还要以恩德来回报呢?这不是太软弱了吗?其实,这要放在我的整体思想中加以思考。我说:"大小,多少,报怨以德。"(《老子·六十三章》)似乎有些难读。高亨注曰:"大小者,大其小也,小而以为大也。多少者,多其少也,少而以为多也。视星星之火,谓将燎原。睹涓涓之水,云将漂邑。即谨小慎微之意。"这讲出了我思想的真实含义。以怨报怨,看来很勇武,但说不定一点小事会闹出大乱子来呢!你孔子以直报怨,要是人家不理解你,不照样闹得不可开交?只有我"以德报怨"的做法,才可以化解世间的许多怨恨!你不讲礼貌,我讲礼貌。你争,我不争。你斗,我不斗。我相信"德"的力量能够化解矛盾,如果能形成一种和谐的社会风气,那就更好了。

听了您对"处世十诀"的讲解，使我们完全相信您是个非同寻常的人。您提供的"良方"，虽然不一定能让我们完全信服，但我们感觉到了您的确是个有着非凡追求的人。您能告诉我们您所向往的理想社会是怎样的吗？

孔子问礼（汉代）

老子： 我理想中的社会可以用三个字来形容，那就是：安、平、泰。何谓"安"？安就是安定。一个社会的安定历来是第一位的，老是在争斗，老是在动乱，民心怎么定得下来？民众何以为生？我相信人们如果像我这样处心积虑地化解矛盾，社会一定能安定下来。我再重复一遍，安定是第一位的。人心思定，人心思安，历来如此。

刘伶像

刘伶为魏晋时之名士，在对策时盛言无为之化，曾作《酒德颂》，嘲弄礼教。系竹林七贤之一。画像藏上海博物馆。

嵇康像

嵇康博学，好庄、老导气养性之术，与阮籍齐名，为竹林七贤之一。画像藏南京博物院。

您的理想社会的第二个指标是一个"平"字，"平"是否就是现在说的人人平等呢？从平等角度看，有学者认为您是最早提出社会保障制度的人。您能接受这一说法吗？

傅斯年像

为什么在数千年的历史长河中，儒家能独步天下？傅斯年得出的结论是："战国一切子家一律衰息之后，儒者独为正统，这全不是偶然，实是自然选择之结果。这叫儒家之独成'适者生存'，其中中庸之道不无小补。"

陈尧叟像

陈尧叟，北宋大臣。端拱二年状元。历官秘书丞、河南东道判官、工部员外郎。陈尧叟好黄老之学，当辽军直逼澶州时，他主张道家的清静无为治世之策，提出迁都，被寇准斥责。画像藏台北故宫博物院。

老子：何为"平"？"平"当然指的是平等。但是，我要指出的是，这种平等主要不是政治上的，而是物质上的，是物质上的平等。各个时代有各个时代的平等要求。我那个时代吃饭问题是第一位的，也就是我常说的"实其腹"为重。人人平等地有饭吃，比什么都重要。正如我设想的："有余者损之，不足者补之。"（《老子·七十七章》）后世有学者认为我是提出社会保障制度的第一人。提得那么高，我真有点受宠若惊！后人常言："民富则安，贫则危。"一些农民起义领袖以我的话去组织起义，可见我的这些话还真有实际意义呢！

人们历来向往太平盛世，您所说的"泰"，不就是要实现太平盛世的理想吗？

老子：你们理解得也对。但是，说盛世，我实在没想到。我们所说的"泰"，是更实在的，"泰"就是太平景象，就是没有战争和苦难的世界。我所处的时代，战争打了两百多年了，三十年一代，就是六七代人看到的都是战争啊！什么时候战争的烽火熄灭了，那就谢天谢地了。我觉得没有战争的世界，简直太美好了。"天下有道，却走马以粪；天下无道，戎马生于郊"（《老子·四十六章》），我多么希望以马作为运输工具、耕作工具，以马粪肥田的"有道"之世尽快到来啊！

我的结论是"天下将自定"（《老子·三十七章》）。总体而言，我是个乐观主义者，我相信天下正在走向安定和太平。据说后来作为我的思想继承人的庄子就不那么乐观了，老是愁眉苦脸的，老是发牢骚，在这一点上，我不认可他。

韩愈像

唐代，儒、释、道三家并立。韩愈高举儒家"仁义"之道的大旗，力图重新确立儒家伦理规范，以维系人心。虽力斥佛老，但也吸收佛老"和"、"善"、"俭"等思想，认为老学益于天下"太平"。

老子挂冠归里雕像

您想象中的理想世界确实很美好,不过,您太理想化了,不要说在您生活的那个时代办不到,就是时隔两三千年天下也难以"安、平、泰"。尤其是您设想中的"小国寡民"的情景更是难以实现。《老子·八十章》说的都是您的社会构想的大图景。但是,您想一想,要大家回到"小国寡民"、"使民复结绳而用之"的原始社会,怎么可能? 人类发展了几十万年好不容易发展到这一步,现在要往回走,行吗?

章学诚像

清代章学诚认为老子是莫谈国事政事之人,在《文史通义》中说:"佛老之书,本为一家之言,非有纲纪政事;其徒欲尊其教,自以一家之言,尊之过于六经,无不可也。"

老子：我当时找不到别的出路,只能设想回到原始社会了。所谓"甘其食,美其服,安其居,乐其俗。邻国相望,鸡犬之声相闻,民至老死不相往来"(《老子·八十章》)。这种设想,只能是我出于善心的理想化设计而已,至于实现,我自己也觉得不可能。说句心里话,我设想的"安、平、泰"的社会,与其说是在为万民设计美好的社会图景,倒不如说是在安抚我略感空虚的心灵。

王通像

王通为哲学家。主张以儒学为主,儒佛道三教合一,后世有河汾道统之誉,私谥文中子。画像藏台北故宫博物院。

有的学者认为，政治家特别喜欢您，因为您说过这样的话："治大国，若烹小鲜。"(《老子·六十章》)这就是说，治理一个大国就好像煎一条小鱼一样，要慢慢地将它煎熟，要自然而然，不要多翻动，否则会使鱼破碎得不成样子。据说，美国的一位总统就很欣赏您这一观点，他在"国情咨文"中就用了您这一理念。这是为什么？

尼采像

尼采说："老子思想的集大成《道德经》，像一个永不枯竭的井泉，满载宝藏，放下汲桶，唾手可得。"

老子：因为我的话说出了治国的规律。政治家喜欢我，哲学家也喜欢我，黑格尔把我的思想和欧洲人的老祖宗的哲学相比，认为有着重要的共同之处。黑格尔把我的思想同希腊哲学一样看成人类哲学的源头。尼采把我的思想比喻成是"一个永不枯竭的井泉"。科学家也喜欢我。著名的物理学家汤川秀树说过这样的话："早在两千年前，老子就预见到了今天人类文明的状况。他以惊人的洞察力看透个体的人和整个人类的最终命运。""可能正是这个原因，他才写下了《老子》这部奇书。"后世的各类人物都喜欢我，这个问题值得深思。

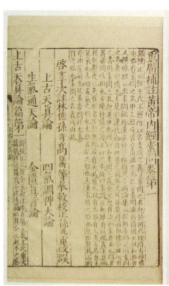

《重广补注黄帝内经素问》(右为明嘉靖刻本，左为明万历刻本)书影

《黄帝内经素问》是现存最早的中医理论著作，"补注"更强调了人体内外统一的整体观念，突出阐发了古代的老庄养生思想。

《纽约时报》曾将您列为古今十大作家之首，美国作家麦克·哈特在《影响人类历史进程的100位名人排行榜》中说，在中国浩如烟海的书籍中，被人广泛翻译和阅读的一本书就是在两千多年以前写成的《老子》。您在国外名气那么大，为什么反不为国内的普通百姓所了解和熟知呢？

宋真宗像

　　宋真宗、宋徽宗尊奉道教的神赵玄朗为王室始祖，屡次加封其"玉皇大帝"尊号，建立宫观供奉。并由官方主持多次编修《道藏》。

太极殿

老子： 不完全这样。《老子》虽然只有短短五千多字，它涵盖了许多法则，内容几乎涉及人类社会的方方面面，实际上普通百姓还是有所了解、有所熟知的。如大家都熟知的一个理念叫"有所为，有所不为"，这出典于"无为而无不为"（《老子·四十八章》）。普通百姓运用了我不少语言，想做大事业的，说"千里之行，始于足下"，这句话谁说的？我说的。不想急于求成的，说"天下大事，必作于细"（《老子·六十三章》），还说"合抱之木，生于毫末；九层之台，起于累土；千里之行，始于足下"（《老子·六十四章》），这些话谁说的？我说的。安慰受难者，人们常说"祸兮福之所倚，福兮祸之所伏"，这句话谁说的？我说的。你发财了，可能会说"金玉满堂，莫之能守"（《老子·九章》）以提醒自己。这句话谁说的？我说的。歹徒、贪官等落网了，人们高兴地说："天网恢恢，疏而不失。"（《老子·七十三章》）这句话谁说的？我说的。还有"大器晚成"（《老子·四十一章》），"功成（遂）身退"（《老子·九章》），"柔胜刚，弱胜强"（《老子·三十六章》）等等。由此可见，我在普通百姓中的影响还是很大的。

商纣王"以酒为池，县（悬）肉为林，使男女倮（裸），相逐其间，为长夜之饮"。多荒唐啊！让男女裸体在厅堂的灯光下跑来跑去，整夜畅饮，寻欢作乐，最后灭了国。您经过现实的观察和深思熟虑，提出了"圣人为腹不为目"的命题（《老子·十二章》）。这里您是否还有其他历史的考察？

老子：有。我是国家"守藏室之史"，当然精通历史。我提出"为腹不为目"，实际上是历史和现实经验的总结。眼睛看东西是无限量的，正因为无限量，所以容易引起贪欲，而肚子就这么一点容量；而人活着最低的要求就是获取足量的填饱肚子的食物，这是基本的生存条件。王弼有个注释说："为腹者以物养己，为目者以物役己。"这就是说，人要活着就要靠外物来养活自己，比如吃、穿等，吃饱了，穿暖了，这就行了，这叫"为腹"。我用"腹"指代人生存的基本条件。但是人活着千万不能成为"外物"的奴隶，不能被"外物"所奴役，这就叫"不为目"！我这里用"目"指代耳、口、心、行等，"五色令人目盲，五音令人耳聋，五味令人口爽，驰骋田猎令人心发狂"（《老子·十二章》），就是说过多颜色使人眼花缭乱，过多音调使人听不清楚，过多滋味使人难以分辨，放纵狩猎使人疯狂，珍贵宝物会诱惑人行为不轨。有鉴于此，我强调"圣人为腹不为目"，这也有警世的目的。

"太极殿"匾额

佛图澄像

佛图澄为高僧，以方术得石勒、石虎崇信，被尊为大和尚。画像藏南京博物院。

第五章

相生相成

　　"有无相生，难易相成，长短相形，高下相倾，音声相和，前后相随。"在老子笔下，一切都在走向反面，一切都在运动和变化，"反者道之动"，道的运动总是要走向反面的。而走向反面也不是什么坏事，正方与反方的相互作用，又正好促其"成"。功成后，事物发展并没有停止，又会产生新的反面，走向新的"动"。这是"恒常之道"。这种"玄之又玄"的大道理，也许正是老子带给我们这个世界的最宝贵的财富。他丰富的辩证法思想，即使在数千年后，仍然不会失去它的熠熠光辉。

您说过："玄之又玄，众妙之门。"您是说，玄妙啊，真是玄妙啊，但除了玄妙之外，就找不到一把能打开这无比美妙的大千世界神秘大门的钥匙了。您自以为是手握打开"众妙之门"钥匙的人，那么，您手中的这把钥匙究竟是什么呢？

老子：说我是手握开启"众妙之门"钥匙的人，也对，也不全对。这把钥匙是把握在有道之人手中的。谁把握了"道"，谁的手里就会有这把神妙的钥匙。我作为道学的创始人，手中当然会有这样一把钥匙，其他人不管社会地位如何，只要得道，手中也会有。我说啊，所谓"众妙之门"，完全可以解释成众人进出的大门。当然，如果你手中没有这样一把开启"众妙之门"的钥匙，那你只能是门外汉了。

阮元像

阮元为清代嘉庆、道光间名臣，是著作家、思想家，在经史、数学、天算、舆地、金石、校勘等领域都有着非常高的造诣，被尊为一代文宗。他认为老子"玄之又玄"，此"玄"就是玄妙、深远之意，天下事物随时随地在变，不易看清，故为"玄"。老子之"玄"即为"动也"。阮元所言甚是。

老子为阳子居释疑解惑铜像（鹿邑老子文化广场）

此雕像表现了老子为阳子居释疑解惑，而阳子居崇敬下拜的情景。

这把神妙的钥匙，妙就妙在看来似乎对立的两面，它们之间又是相互联系、相互促进、相互推动的。这对于那些看来很有学问，而遇事就以为是就是是，非就是非的人来说，是一门尚未进修的大学问。我们说得不过分吧？

丹桂古柏

据鹿邑旧时县志记载是老子亲手所植。树之纹理其一左旋，其一右转，像太极图中的阴阳二气，也称阴阳柏。

老子： 的确是这样的。大概与我同时代的学派带头人中，没有一人是这样提出问题和考虑问题的。而我考虑得很多、很细。我考虑了天与地、地与人、人与道、古与今、有与无、虚与实、强与弱、柔与坚、雌与雄、心与身、生与死、有为与无为、有私与无私，还考虑了美言与美行、千里行与足下行、自知与知人、胜人与自胜、难与易、祸与福、曲与全、枉与直、洼与盈、敝与新、少与多、昭昭与昏昏、察察与闷闷，还考虑了大与小、方与圆、高与下、长与短、前与后。可以这样说吧，凡是天地间、人世间我们触及的一切，我都考虑到了，研究过了。正是这些深入细致的思考，铸成了那把开启"众妙之门"的钥匙。如果你们也这样思考，我相信你们手中也会握有这样的钥匙。

孔子问礼铜像（鹿邑老子文化广场）

此雕像表现了两位文化巨人深厚的感情以及孔子对老子的敬仰之情。《史记·老子韩非列传》载："孔子去，谓弟子曰：鸟，吾知其能飞；鱼，吾知其能游；兽，吾知其能走……至于龙，吾不能知，其乘风云而上天。吾今日见老子，其犹龙邪！"孔子一生中曾多次向老子求教。

我们不可能把这么多问题一一加以讨论。我们还是选择大家感兴趣的问题来聊一聊吧。我们讨论一下关于人的发展问题，行吗？

"老子诞生处"石碑

老子： 这正合我意。我讲的核心内容其实就是人怎样成其为人，成为适性而有智能的人。有人误以为我的道学是在"愚民"，其实不是的。我说过这样的话："古之善为道者，非以明民，将以愚之。"（《老子·六十五章》）据此有人说我想搞愚民政策。其实，"愚"字除了解释为"愚蠢"外，还可以解释为"戆直、敦厚"。《说文·心部》曰："愚，戆也。"在《论语》中，孔子说他的学生"柴也愚"，明显是在赞赏这位弟子的敦厚老实。孔子称赞蘧（qú）伯玉说："其智可及也，其愚不可及也。"这里的"愚"既有"诚实、戆厚"之义，又有"真正的聪明"的内涵。中国古代著名寓言《愚公移山》中的愚公就是一个既踏实肯干又聪明能干的人物形象。我所说的"非以明民，将以愚之"，就是不要让老百姓变成智巧、耍小聪明的人，而是要老百姓成为踏实肯干、说到做到的有大智慧的"愚人"。所以说，我所做的一切都是为了使老百姓成为智慧之民，是为了让大家都掌握开启"众妙之门"的钥匙。

老子著书立说铜像（鹿邑老子文化广场）

此雕像表现了老子在函谷关著述《道德经》的场景。《史记·老子韩非列传》有载：老子"至关，关令尹喜曰：'子将隐矣，强为我著书。'于是老子乃著书上下篇，言道德之意五千余言而去，莫知其所终"。

《老子·三十章》书影

花都圆玄道观（广东）

在讨论人怎样成为人时，您顺势推出了"得道"与"不道"两个新概念。得道者可以全身，可以为王者师，成为"以道佐人主者"，而另有一种人就是被您称为"不道"之人，也就是违背道理行事的人。"不道早已"（《老子·三十章》），意思是说不道的人迟早会完蛋。您专门提出这一命题有什么目的吗？

老子：这是为了警世。道虽无形，但它却是一种实实在在的存在。人要依道而行，不能背道而驰。我提出"不道"这个新概念，就是提醒世人，切不可违背道理，违背了，是不会有什么好结果的。这种"不道"之人首先当然指的是那些"以兵强天下"的人。有些人手里有一点兵马，就耀武扬威，以为可以拥兵自重了，可以称雄天下了。这是不对的，这样的人必然是"不道早已"。

您还提出了"不为大",才能"成其大"这个命题。处理好两者的关系,是为人处世的重要内容之一。"不为大"就是不自以为是"老大",不老想着当"头"。这样的人,最终反而能"成其大"。这里的道理很深奥,您给我们解释一下好吗?

《开成石经》之《周易·乾》(碑刻书影)

老子:严格地说,"不为大"的"大",与"成其大"的"大",并不是同义的。前者是一种自大,自以为了不起,实际上并不"大"。而后者之"大"首先是一种精神气质上的伟大,了不起,受人尊崇。当然他也会受人拥戴,甚至被推为首领。《周易·乾》有言:"群龙无首,吉。"似乎不可理解。群龙无首了,不是要乱套了吗? 不,这里说的是更高一层的境界,即当大家(群龙)都不想当那个"首"的时候,天下就太平了。我的"成其大"思想正是从《周易》中脱胎而来的。

尹文像

尹文,即尹文子。齐国人,曾游学于稷下学宫,善名辩。与宋钘齐名,归属稷下道家学派,对后期儒家思想有深刻的影响。画像藏上海博物馆。

太极殿里的老子金像
　　该像上方有"道德天尊"匾。

　　您说过，"将欲夺之，必固与之。"(《老子·三十六章》)这后来成了谋略家常用的策略思想，尤其常用于军事。请问，您提出这一问题的本意是什么呢？

　　老子："与""夺"之道，古已有之。称其为一种军事上的策略思想，成为克敌制胜之道，当然也可以。但是，那样认识显然太狭隘了。我把它更多地看成是一种生活之道，与每个人都息息相关的生存之道。你要想"夺"得某一方面的胜利，取得骄人的成绩，你就得比常人付出更多的努力。这就是"与"。你"与"了，付出了，就会有收获，就会有成绩，这就是"夺"。还有，在处理人际关系上，你要"夺"得别人对你的信任，你自己首先要做出让对方信得过的行为。这是充满辩证意味的生活之道，这是激人奋进的生活之道。当然，从无为的角度看，"夺"与"与"都要循道而行，都要符合"无为"的规范，超越了这个度，就不是我的思想了。

陶弘景像
　　陶弘景，道士，医药学家。其家世奉天师道术，隐居句曲山。梁武帝每以朝廷大事咨询，时号"山中宰相"。画像为宋人所绘，藏台北故宫博物院。

杨震像
　　杨震为东汉大臣，明经博览，时称为"关西孔子"。像载《三才图会》，明万历刻本。

135

先生一般很少说到"知"和"胜"这两个人生课题。您不是主张"去知"吗？您不是反对争强好胜吗？可是，在《老子·三十三章》中，您却大谈"知人者智，自知者明。胜人者有力，自胜者强"。其意何在？这不是与您的一贯思想矛盾了吗？

崂山太清宫

老子：前面已经说到了，我主张"去知"，但不是无条件地反对一切知识。切合生活实际、有利于民生的"知"还是需要的。在人际交往中，不了解对方，怎么行？知人是人际交往的客观需要。比知人更重要的是自知。只有了解自己，才能了解别人。"知己知彼，百战不殆。"后来兵家把我的这一思想用于战事，成为军事建设的重要一环。

比知人与知己更重要的，是胜人与自胜。如果单单提出胜人这一命题，那是政治界、军事界、思想界、文化界人士普遍思考着的问题，它属于"争"这个总命题。争来争去，最终目的是要战胜对方嘛！而我把胜人与自胜结合起来考虑，而且重心在于自胜，那完全成了一个"不争"的命题。为了"不争"，为了协调人际关系，你就得学会战胜自己，克制自己，用"道"的精神来规范自己。大概大部分研究者都没想到这层含义吧。

怀海像

怀海，唐代著名的佛教改革家，马祖道一的法嗣，福州长乐人。好老庄之学，具有深厚的经、律、论佛学知识。时值马祖道一在江西南康弘法，他前往参学，与智藏、普愿同时入室，各有擅长，成为鼎足而立的马祖门下三大士。因住持百丈山，世称"百丈怀海"。

"老聃修行处"（河北沙河）石碑

您最有价值的理论之一是"祸福相倚"论。"祸兮，福之所倚；福兮，祸之所伏。孰知其极？"（《老子·五十八章》）您把论点提出后，自己又提出了一个问题："孰知其极？"也就是谁知道它的究竟呢？如今，我们要把这个问题"还"给先生，您给我们解释一下究竟缘由何在，好吗？

老子：我这个命题的确具有极强的警世性。有的人官当得顺顺当当的，一夜之间却被人杀了，这杀身之祸从何而来？有的人经商赚了大钱，冷不防被人告了，说他非法经营。这"福"呀，"祸"呀，闹得人心里发慌，最终人们会觉得人生无常。我要告诉世人的是，这里"有常"——那就是祸与福本身是相倚相伏的。不懂得这一点，你就没有真正懂得生活的辩证法。

在同一事物中，祸福两端本身是存在的，问题要看向哪个方向转化，这种转化我把它叫作"复"。"复"为何物？复就是反复。生活就是不断地"反反复复"。我说过："正复为奇，善复为妖。"《老子·五十八章》正面的可以复为反面（即"奇"）的，善面的可以复为恶面（即"妖"）的，关键是条件。知道了"复"，你完全可以防"复"嘛！就是"复"，你也可以争取良性的"复"，防止恶性的"复"。

不少人总是迷迷糊糊的，结果糊里糊涂地让"正"复为"奇"，"善"复为"妖"。我那个时代是这样，后世可能有不少人也是这样。南朝宋人刘义庆在《世说新语》中就说："生老病死，时至而行。"谓"祸""福"之事，不可不防啊！

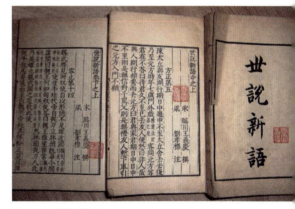

《世说新语》书影

我再说一句，提出这一命题目的在于警世。因为祸福之事，都是瞬间的事。有思想准备，与没思想准备，结果大不相同！我说的"祸福相倚"论，是要人们在实际生活中做一个冷静的思索者。

难易问题，也是人们思考得最多的问题。您说"天下难事，必作于易。天下大事，必作于细"（《老子·六十三章》），"合抱之木，生于毫末；九层之台，起于累土；千里之行，始于足下"（《老子·六十四章》），这几句话现在已经成了有益的格言，成了我国人民宝贵的精神财富。请问，您提出这一命题出发点何在？

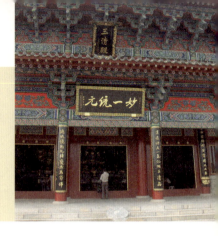

老子：我是从生活实际出发的。生逢乱世，又 三清殿
是大变革的时势，人们普遍的心境是"躁"——浮躁、焦躁、急躁，没信心。针对这一时弊，我想到了这么几句话。我着重针对"好大"和"畏难"两种心态。针对好大喜功的人，我告诉他们"天下大事，必作于细"，"千里之行，始于足下"。对于畏难而心怀恐惧的人，我告诉他们"天下难事，必作于易"，从容易处着手，一点一点努力。

这些我虽然是针对当时的情况而说的，但它的价值我相信是永恒的。因为人生中，永远有"难"与"易"的问题，也永远有"大"与"细"的问题。当这两方面的问题出现时，人们就会想起我说的这番话。

这番难易之论，也可以作为"无为"不等于"不作为"的一个佐证。

孔子问礼浮雕

您还说过"天网恢恢，疏而不失"(《老子·七十三章》)，您意在规劝人们为善，当然对某些干了坏事又想置身事外的人也是一种警示，是不是这样？

雍正像

雍正主张"三教合流"。三教即指儒教、佛教、道教。雍正认为三教的作用各不相同：儒为治世，佛为治心，道为治身。雍正迷信道教的丹药，而道教崇奉老子，称之为"太上老君"。雍正延请道士入宫炼丹后，便为道士制作了印章，有"太上老君驱邪宝"等。

老子：是这样的。不过我在这里想从"道"的角度作些论述。人什么该做，什么不该做，这是人道问题，而人道又是归天道管的。有人会说，天道"不争""不言""不召""默然"，它怎么管人道啊？作为一种回答，我就说了"天网恢恢，疏而不失"的话。这话告诉人们：其一，天道如网，像鱼儿逃不脱"网"一样，人逃脱不了"天网"的管束。其二，"恢恢"极言其"大"。因为"大"，就会笼罩一切，谁都逃脱不了它的约束。其三，"疏"是现象，"不失"是实质。这是一种警告：谁干了坏事，都逃脱不了"天罚"。

这话世代流传下来了，说明它是受广大人民欢迎的，它说出了广大人民的心声。

老子祠

又称说经台，相传尹喜曾在此设台，请老子讲经，宋代苏轼作《授经台》一诗，称"此台一览秦川小，不待传经意已空"。

本章的问题还是想回到生命这个大课题上来。您说到人寿天年的地方不多，但一说就说到了点子上，震撼人心。您说"死而不亡者寿"（《老子·三十三章》）。这话应如何解释？

老子：对此话，后人有两种解释，我觉得都有道理。一种说："亡"即"妄"，"妄"就是不走正道，干坏事。生前"目不妄视，耳不妄听，口不妄言，则无怨恶于天下，故长寿"（河上公注）。这是讲长寿之道，说的是一个人私心杂念少了有利于长寿。另一种说："亡"即"忘"，那就是说，一个人死了以后，人们还没有忘记他，那才是真正的长寿呢！我认为从思想价值角度看，后者的价值更大。一个人死后，让人念念不忘的能有几人？让人久久不能忘怀的，不一定是伟人，更多的是平常人。他们为他人、社会做了好事，大家就会永远怀念他们。这是真正的"长寿"者。

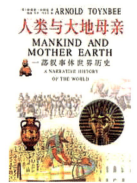

汤因比像及《人类与大地母亲》书影

英国著名历史学家阿诺德·汤因比在《人类与大地母亲》一书中对老子作了高度评价，他说："在人类生存的任何地方，道家学说都是最早的一种哲学。"

老子墓

　　有的学者说您"道法自然"的思想合乎自由民主思想，您的"我无事而民自富"思想合乎市场经济规律，您"以百姓之心为心"的思想合乎民主政治思想，您"常有司杀者杀"思想合乎司法独立原则，您"损有余而补不足"思想合乎社会保障要求，诸如此类，多得举不胜举。严复就说："老子思想是民主国家所运用的。"有的学者认为，您不仅是人类辩证法之父，而且是人类历史上第一个提出自由民主思想的人。我们这样评说正确吗？

张天师雕像

　　张天师为道教的创始人张道陵，本名张陵，字辅汉，号天师，道教尊称为张道陵，又称"高明大帝""正一真人""祖天师"。他于东汉末年创建五斗米道，后被道教奉为创教者。"正一真人"是太上老君授予他的称号。他对老子大加神化，在道教中与葛玄、萨守坚、许逊一起被称为"四大天师"。

　　老子：是否正确让后世人来评说吧，我也不宜多说。是某某方面的世界第一，还是第二，我并不计较。我只是从当时社会现实出发提出问题和回答问题。

　　我当时提出"甘其食，美其服，安其居，乐其俗"（《老子·八十章》）的思想，可谓合乎小康社会；我提出"以道佐人主者，不以兵强天下"（《老子·三十章》）的思想，可谓合乎反对侵略战争和暴力镇压；我提出"太上，不知有之"（《老子·十七章》）的思想是力主政府要管得少；我提出"其政闷闷，其民淳淳；其政察察，其民缺缺"（《老子·五十八章》）的思想可谓合乎清明政治，如此等等。有的学者说，老子的思想包含了自由民主思想，还说老子思想包含了共产主义思想，与马克思主义有诸多相通之处，这些评说似乎言过了。说我的思想含有朴素的自然共产主义思想，这倒是可以的。

老子画像

老子雕像

老子骑牛图（宋代晁无咎画）

第六章 太上老君

　　身后事，实在难料。再伟大的人物，身后也免不了被人说三道四。老子就是个被后人重塑得面目全非的人物。老子提出的"道论"，无论怎样"玄之又玄"，但它的主旨还是面向现实世界的，而这种学说一经与神仙方术结合在一起，就成了步罡踏斗、呼风唤雨的神术。老子本人明明是一位面世的大思想家，在其后的两千多年里，几经改造，成了端坐在神坛上的、受人顶礼膜拜的"太上老君"。这种变化戏剧性地证明了老子自己的理论：一切皆流变，一切都在不居中。

有人说，您在世的时候，您和您的同人、您的学说，包括您的学派，只能算是个弱势群体，影响不大，几乎居于被人不理不睬的地位，您认可这一说法吗？

老子：这是事实，我当然是认可的。在我那个时代，赫赫有名的学派是儒家和墨家。儒家和墨家弟子数千，驰行列国，游说群侯，名之为"显学"。还有名家、兵家、法家，活动也很积极。而我，一直坐在周国的国家图书馆中，看书、学习，当时我的思想会有什么社会影响？我没有弟子（指正规的教育意义上的弟子），后来庄子为我找到了两三个所谓"弟子"，也是没办过什么正式手续的。诸子都出入于王府，而我不搞那一套。我隐居后更是声名不彰。说我和我的学派是弱势群体，说得准！

许天师像

许天师为晋代道人许逊，字敬之，南昌人，又称"许真君"。传说，一日入山射鹿，鹿胎堕地，母鹿舔其崽而死。他怆然对《道德经》深有感悟，折弩而归，始栖托西山金氏之宅修道。拜大洞君吴猛为师，传三清法要。

子路问津图

老子对孔子的游说挫折经历感同身受。

但是又有专家提出质疑，说道家在当年是弱势群体，似乎难以让人信服。如果真是弱势群体，为何孔子会不远千里去拜会您呢？

萨天师像

萨天师，即萨守坚，又称萨真人，七岁时即能诵《道德经》，相传为宋代著名道士，号全阳子。一说为蜀西河（今西川崇宁县西）人，一说为南华（南华山位于今广东曲江县南）人。

老子：这不能证明我的显赫，却说明了孔子的伟大。他从我的学说中，从我的为人中，看到了这一学派的生命力和未来。他见了我以后，说我是"龙也"，请注意，当时"龙"还不是王者的专称，一切生龙活虎、有作为的伟大人物都可被称为"龙"。这个评价是不错的。更确切地说，我当时是一条见尾不见首的潜龙。《周易》中说的"潜龙勿用"指的就是我这种情况。当时"勿用"，不等于永远"勿用"也。

问礼老聃图（汉画像石画拓片）

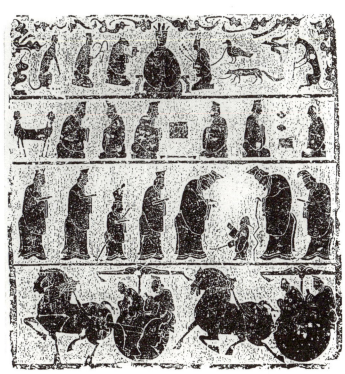

按照您的逻辑，强与弱是相对的，在一定条件下，会走向"反"。对于您和您的学派来说，这种转机起于何时？

老子：一个学派的兴盛和衰亡，乃命也，乃时也。命是本命，是由学派本身的性质和内涵所决定的，应该说，道家具有兴盛的内部气质，我的道论符合事物发展的规律。在我那个时代，可以说是"命至"而"时不至"。从时间的条件看，到汉代初年可以说是"时至"了。汉惠帝、吕后、文景时代，道家崛起的条件成熟了。

葛天师像

葛天师，即葛玄，原琅琊人，后迁丹阳句容，三国时的方士。出身宦族名门。自幼好学，博览五经，十五六岁名震江左。性喜老庄之说，不愿走仕途。后入天台赤城山修炼，道教尊其为"葛仙公"，又称"太极左仙公"。葛洪是葛玄的从孙。

上为妇好方尊，下为妇好鼎

鸭形盉

据我们所知,汉初的经济状况很差,社会也不太安定,怎么说这时道家发展的条件反而成熟了呢?

狄德罗像

法国著名学者、"百科全书派"的主要代表狄德罗极力推崇老子,在其主编的《百科全书》中就特别立有"老君"的条目,并把老子描绘成一个"洋溢着真正激进启蒙精神的圣者"。

老子出关雕像

老子: 好,我来说一下吧。经过前面数百年的大乱,社会经济遭到严重破坏,人们苦不堪言,据说,在当时,连宰相也只能坐牛车上朝,二品以下的官员只能以步代车。这些都是数百年来政治家和军事家们"有为"造成的恶果。为帝为王者想"有为",各路诸侯想"有为",那些拥兵自重的武人想"有为",结果把整个社会折腾得不成样子。人们终于想到了"无为而治"这一良方,尤其是统治者想到了道家,于是他们把一些道家人士请进了宫廷,为他们出谋划策。最重要的是把"无为而治"转换成一种可行的治国方略。汉孝文帝在这方面起了带头作用。当时要建一个露台,估算一下要百金,孝文帝想了想说:"不行,百金是十户中等经济水平家庭的全部财产,我那样花费,太不应该了,也不符合道家无为而治的理念。"于是就罢休不建。孝文帝自己不穿丝绸衣服,皇后慎夫人"令衣不得曳地,帏帐不得文绣,以示敦朴,为天下先"。皇家把道家理论付诸实施,这一点太重要了。

老子出关雕像

除了皇家把无为而治付诸实施外，有人给道家进行理论上的归纳也是极为重要的。汉初是否有人做了这样一件事？

老子：这份功劳应首推太史公司马谈。他是个大理论家，学过《易》，习过道，他写了一篇《论六家要旨》的名文，对当时的六家进行了分析。对其他五家，他都是有褒有贬，唯独对道家赞赏有加。他写道："道家使人精神专一，动合无形，赡足万物。其为术也，因阴阳之大顺，采儒墨之善，撮名法之要，与时迁移，应物变化，立俗施事，无所不宜，指约而易操，事少而功多。"司马谈写《论六家要旨》时，已是文景时期，看来汉初的"文景之治"也有这位太史公的功劳。这个总结，不仅为道家学派的今后发展指明了方向，而且使皇家进一步坚信：用道术，没错！

汉孝文帝像

汉孝文帝时结草为庵于河之滨，常读老子《道德经》。时文帝好老子之道，令诸王公大臣、州牧、在朝卿士皆诵之，不通《道德经》者不得升朝，以厉行"无为之治"。

西周前期的盂鼎

内有二百九十一字，叙述文王、武王、成王的立国经验和殷商朝野沉迷于酒而亡国的教训。老子批评朝政的诸多思想是借鉴殷商之亡的。

在《史记》中说到稷下学派时，讲到代表人物皆学"黄老之学"。按理说，老学就是老学，怎么又与黄帝挂起钩来了呢？您给我们解释一下好吗？

汉武帝像

汉武帝曾亲临楼观台谒祀老子，尽管是对长生的一种追求，但在老子讲授《道德经》的地方，他跪下九五之尊的躯体，不但举行了谒祀活动，而且建望仙宫于楼观台北，并增置道员，扩建庙宇，修筑殿坛，足见汉武帝对老子的虔敬。此行向朝野上下作了尊崇老子、行"黄老之学"的倡导。

老子：我这个老学原来主要是面向民众的，可是，自汉代改铸成为"君人南面之术"后，就与统治者联系起来了。他们喜欢"与时迁移，应物变化"这种理论，但对我的一介平民身份总感到还有所不足。于是，找来了据说是上古"世主"的黄帝来与我相配，形成了所谓的"黄老道德之术"。关于黄老之学，现代学者吕思勉有一种说法，他认为："黄老者，乃古代学派之名，其学远托诸黄帝，而首传其说者，则老子也。"（《论读诸子之法》）就是说，老子一派的学者，为了在汉代找到自我发展的条件，便请出黄帝这个传说中的远古之君来帮忙，此说是有道理的。

道教鼻祖浮雕

我们知道，道学向道教转化的关键是东汉末年农民起义领袖张角。他以民间的"黄老道"即太平道号召起事。他们就是以《老子》为主要经典的。为什么人们不以其他学派号召起事，偏要利用道学呢？

老子： 这也很简单，因为《老子》有许多可供他们利用的东西。我所说的"有余者损之，不足者补之"（《老子·七十七章》），这种思想正好满足了他们对平等的要求。还有，"民不畏死，奈何以死惧之"（《老子·七十四章》），这句话也是农民起义者的心里话。我能说出他们的要求、心里话，他们就感到"神"了，于是就一再把我神化。

海德格尔像

德国哲学家马丁·海德格尔认为老子与自己的思想非常吻合，他将老子"孰能浊以静之徐清，孰能安以动之徐生"的字句挂于墙，悬于壁。

庄周论道浮雕

有学者认为，道教创立之初，您就被视为该教的教主，这是因为您的学说成了道教思想的主要来源之一。如果没有您的学说的支撑，这一宗教就站不住脚，您认为是这样吗？

罗素像

英国哲学家、历史学家、诺贝尔文学奖获得者罗素读了《老子》后，极为惊叹，认为两千多年前能有这么深邃的思想，简直不可思议，赞曰：此为圣贤之说。

老子：应该是这样吧！道教作为中国土生土长的宗教，有诸多思想来源。有学者认为，至少有四个方面的源头：一是中国的原始宗教，即早期巫师的咒语、祈禳、镇邪、驱鬼、降神等方面的活动和思想。二是谶纬神学。汉代的不少皇帝就迷信于图谶，认为那可以预测吉凶，昭示未来。皇帝和百官创导在前，民间也紧紧跟上了。三是阴阳五行说。当时一些人把阴阳、五行、八卦、天干、地支、二十八宿这些既有一定物质依据又带有浓厚迷信色彩的东西结合在一起，进行鼓吹和宣传，使之盛传于坊间。但是，只有这些还不足以形成一种左右世人的"国教"，还得有一种更为亲民、更打动百姓心魂的学说作支撑，这就是我老子的学说。我在《老子》一书中说道："故道大，天大，地大，人亦大。"（《老子·二十五章》）把"人"放在与道、天、地同等的地位。我还多处强调人的生命的可贵。这种"重人贵生"的思想，后来成为道教最重要的思想内容。没有"重人贵生"观念的支撑，单靠迷信、神学是吸引不了也说服不了民众的。

唐皇祭祖浮雕

大约"太上老君"这一尊号，也是道教的创立者们给您封的吧？这一封号的基本意思是什么呢？

老子：当然是道教给我封的。张道陵创立五斗米道时，当时教徒就已有十万人之众，遍及青、徐、幽诸州，教徒们称张道陵为"天师"，也就是上天派来组织人们起义的大师。但是，张道陵是个聪明人，他知道单靠自己那点学养，还压不住阵脚，得找一个更像大师的大人物出来压阵。找来找去，就找到了我老子。他们将我著的《老子》一书改称为《道德经》，我也就被尊为"太上老君"了。

"太上老君"应该说在当时是一个新名词，是一个别出心裁的合成词。"太上，不知有之。"（《老子·十七章》）意思是说，是最高的治理之道，让老百姓不察觉它的存在。"太上"一说，在我的《老子》一书中有，在《墨子》一书中也有，为至高无上之意。"老君"一说，在汉代也已流行，是对年老的尊者的专称。因为在传说中我活到了两百来岁，又出生在老氏家族之中，而且我在著作中一再强调"天长地久"，注重"长生久视之道"，于是，他们把"太上"与"老君"两词合而为一，为我冠上了"太上老君"的美称。意思是：你想活得久远，活得逍遥自在吗？那就以老子为榜样吧。当然，"太上老君"一词正式见之于文字是在《魏书·释老志》中。

顾炎武像

顾炎武在《日知录》中认为道家之源，出于老子。道家立教乃推尊老子，置之三清之列，"圣门所不取"，但可以达到"深根固蒂、长生久视"之目的，有可取之处。

孔子问礼老子（涡阳天静宫浮雕）

您老子有一个"老"字，后人加封给您的尊号"太上老君"也有一个"老"字，人们对"老"字那么感兴趣是什么原因呢？

魏征像

魏征身居谏议大夫要职，力倡老学，行"无为而理"，专作《老子治要》，主张"居安思危，戒奢以俭""任贤受谏""薄赋敛，轻租税"，成功地推动了唐太宗的贞观之治。

老子： 这也迎合了人们"长生"、"长寿"的欲望和心理。人生是美好的，谁不希望活得长久一点？道教在一定意义上迎合了人们普遍的寿老心愿。道教在一个"老"字上做足了文章，我们甚至可以说，道教实质上就是"老教"，是追求高寿甚至长生之教。在道教中，我老子被彻底神化了。一般人都是十月怀胎，而我的诞生竟用了整整八十一年，所谓"李母怀胎八十一载，逍遥李树下，乃剖右腋而生"。据《老子铭》云："老子道成身化，蝉蜕渡世，自羲农以来，世为圣者作师。"请想想，"世为圣者作师"的那个老子，有多长寿？再说，道教信奉的那些真人也是长寿老者，如玉皇大帝、王母娘娘、太白金星、广成子、彭祖、张果老、黄石公、安期生等。道教从我处借得一个"老"字，广为发扬，"老"成了这一宗教的灵魂。

老子设坛讲学铜像（鹿邑老子文化广场）

此雕像表现了老子设坛讲学、传道授业的场景。《庄子·则阳》有这样的记载：柏矩学于老聃，曰："请之天下游。"老聃曰："已矣！天下犹是也。"又请之，老聃曰："汝将何始？"曰："始于齐。"

怎样才能使人活得"老"些呢？这涉及医学和药学问题。俗话说："凡是食五谷的，都会生病。"据我们所知，道教就是一直与治病消灾之道结合在一起的。这样，您这位太上老君又异化成悬壶济世的神人了，是不是这样呢？

葛洪像

葛洪为东晋道教学者、著名炼丹家、医药学家，自号抱朴子，著有《神仙传》《抱朴子》等。他将老子神仙化，认为老子是"得道之尤精者，非异类"，老子"恬淡无欲，专以长生为务"，乃学而得仙的典范。

老子：在道教中，经常有这样的演绎：某道教徒医术高明，一日，太上老君显灵，昭示其人，要以其术济世救人。在葛洪所著的《神仙传》中，有一位老人壶公。此人不知生于何时，来自何方，只知一天出现在河南汝南的一个集市上。他的药价格便宜，且能包治百病，慕名前来的人络绎不绝。壶公将每天所得的数万钱，又布施给道旁的穷人。在老人卖药处上方，悬着一个空壶，每天日落人散，老人就跳入壶中，一点儿也不打扰百姓。这位壶公就是受太上老君之命"悬壶济世"的人。从此，在中国，"悬壶济世"成了郎中行医的代名词。

老子铜像

说到"悬壶济世",使人想到神医华佗、药王孙思邈,他们都是道士,对不对?

孙思邈像

唐代医学家孙思邈遍读诸子百家之书,对老庄之学尤为熟悉,老子的"人法地,地法天,天法道,道法自然"这些"道"理名言,对他学医、做人、守道起到了启迪作用。他在《千金方·序》中说:"不读庄老不能任真体运,……若能见而学之,则于医道无所滞碍,尽善尽美矣。"

老子: 对。汉末神医华佗,史书上说他"晓养性之术,又精方药","年且百岁犹有壮容,时人以为仙"(《三国志·魏志·方技传》)。他提出了著名的"五禽戏"运动法,千年后还有流传。他发明的"麻沸散"是我国也是世界上最早的麻醉药。唐代道教大行其道,道教中英才辈出,其中就有"药王"孙思邈。他一生都把精力放在悬壶济世上,留下了《千金方》《千金翼方》两部伟大的医学作品。孙思邈治愈病人无数,"初唐四杰"之一的著名诗人卢照邻得重病已属不治,最后经孙思邈精心治疗,得以痊愈。

老子游学列国铜像

说到唐朝，有一点历史知识的人都知道，那是道教得到最高尊崇的时代，也是您这位太上老君地位最高的时代，您简单说一下其中缘由可以吗？

老子：当然可以。这里有一个有趣的故事：隋炀帝大业十三年，这时，隋快要灭亡了，著名道士李淳风称太上老君显灵，告诉李渊："唐公当受天命。"李渊进军关中，在山西受到隋军重兵阻击，由于数月阴雨绵绵，军粮又不济，李渊欲回师，这时又有号称太上老君使者的白衣道者至军门告知李渊："八月雨止，军出霍邑东南，吾当济师。"说罢，飘然而去。果然八月雨止，李渊军出霍邑东南，斩杀敌主将，打通了关中通道，之后节节胜利。武德三年，李世民出兵讨伐山西刘武周部将宋金刚，在羊角山中有一老道乘白马告诉百姓："与吾语唐天子，吾汝祖也。今年平贼后，子孙享国千年。"这位自称是李唐政权天子的老祖宗、乘白马的老人，据传就是"老君显身"。李世民听到"老君显身"消息后，马上差人把那座山改名为神山，并在那里建起了老子道观，李氏父子此后差不多每年都要去祭拜老君。

张果像

张果，唐玄宗时道士。星命家推其为鼻祖，传说中八仙之一。武后、玄宗使人召之，佯死或大笑不奉诏，世说"有老庄之气"。画像藏故宫博物院。

老子西出函关铜像

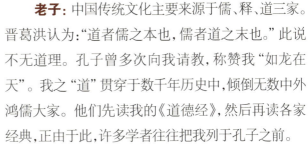

哲学是文化的灵魂。学者们认为,您的道学以抽象哲理的鲜明特点成为中国传统文化的灵魂。在探究宇宙和谐的奥秘、寻找社会的公正与和平、追求心灵的自由和道德完满三个层面上,您的学说对后世都有启蒙意义。所以历代杰出思想家无不研究老学,并在老学中得到启迪。我们可以这样说吗?

唐高宗像

唐高宗李治自称为太上老君后裔,下诏修建老子道观,尊崇道教,并规定道教为三教之首。

老子:中国传统文化主要来源于儒、释、道三家。晋葛洪认为:"道者儒之本也,儒者道之末也。"此说不无道理。孔子曾多次向我请教,称赞我"如龙在天"。我之"道"贯穿于数千年历史中,倾倒无数中外鸿儒大家。他们先读我的《道德经》,然后再读各家经典,正由于此,许多学者往往把我列于孔子之前。

据后人江泉在《论道家为百家所出》篇中说:"上古三代之世,学在官而不在民,草野之民莫由登大雅之堂。唯老子世为史官,得以掌数千年学库之管钥,而司其启闭。故老子一出,遂尽泄天地之秘藏,集古今之大成。学者宗之,天下风靡,道家之学遂普及于民间。道家之徒既众,遂分途而趋。各得其师之一端,演而为九家之学,而九流之名兴焉。"

八卦炼丹炉

太极殿前的铜铸八卦炼丹炉,传说是老子炼丹的器具。

在唐代，您的地位高到了极点，是不是因为您与李唐政权的天子同姓呢？

老子：我可以用"利用"两个字来形容这种情况的出现。唐的国君姓李，我老子据《史记》上说也姓李。根据天下同姓是一家的说法，我被李唐政权血缘化了。他们把道教正式册封为"国教"，我则被尊为"圣祖"、"道德天尊"。他们还编了成千上万卷的《道藏》。《老子》也正式更名为《道德经》。最有意思的还是那个唐玄宗，他把我封为"大圣祖玄元皇帝"，我这个"老君"一下子怎么变成"皇帝"了呢？简直是开玩笑。另据《旧唐书·高宗本纪》记载：乾封元年二月，唐高宗李治携皇后武则天"次亳州，幸老君庙，加追号"。

唐玄宗像

唐玄宗尤其崇信道教，下诏加封老子尊号为"大圣祖玄元皇帝"，并以《道德经》为科举考试科目。道士、女冠隶属宗正寺管理，有名的道士受到朝廷礼遇厚赏。又下令两京及全国各地大建宫观，供奉老君，并屡次托称老君降临，传授祥瑞之物。

《三教孔子》（明代木刻版画）

古松下三老者，居中为佛教之祖释迦牟尼，左为道教祖宗太上老君，右为孔子，腰间系一长剑，袖手如行礼作揖。

明清两代，中国的封建政权走向高度集权，可以说是封建末世了吧。这时，打着您"太上老君"旗号的道教境况如何呢？

老子：这也可以说是道教从停滞走向衰落的时期。由于道教教团的腐化，教义教制无大发展，社会地位渐趋衰落。更主要的是处于末世的统治者对民众更多的是采取高压手段，因此也就与包括道教在内的一切宗教疏远了。朱元璋还对道士的活动大加限制，不准道士随意游走城乡和山林，不准道士随意修道讲法，不准道士随意混杂于民。这"三不准"大大限制了道教的发展。作为"太上老君"的我这时也很少有人提及。

"太清宫"横匾

思想之火是扑不灭的。政治上的限制，使道教思想和您老子的思想逐渐渗透到其他文化领域。明清时期，小说大行其道，在明清著名小说《西游记》《金瓶梅》《封神演义》《红楼梦》中，都可看到神仙道士的踪影，也可以看到您老子"无为而治"的思想踪迹，是不是这样呢？

老子：的确如此。这些明清时期小说中的道人，外表上是道人，其实说的还是我老子的话。就拿《红楼梦》中贯穿全书的空空道人和渺渺真人来说吧，他们说了些什么呢？他们说，贾府等"四大家族"虽说是"昌明隆盛之邦，诗礼簪缨之族，花柳繁华地，温柔富贵乡"，但那红尘快乐，瞬间即逝，乐极生悲，人非物换，"到头来只是一场梦"。空空道人和渺渺真人的这些疯话，说穿了，倒是真话，而类似这样的话完全可以在我的《老子》中查到。他们说的还是我想说的话。《西游记》和《封神演义》中的诸多道士神仙，也或多或少与我的道学有关。

柳宗元像

柳宗元推崇老子思想，认为李学和孔学并不矛盾，它们都具有辅佐政治教化的社会作用，从而在学术思想上表现出"融合儒道"的倾向。柳宗元的这种态度，同与唐朝最高统治者保持一致有关，因为唐王朝以周孔之道立国，同时推崇道家思想，尊奉李聃为自己的本系祖先，故柳宗元将《老子》与儒家经典一样作为科举考试的重要内容。

大宋重修太清宫之碑

此碑立于一○一四年，碑文记载宋真宗赵恒拜谒老子并重修太清宫的经过及修复后的宏大规模和壮观气势。

现代大学问家胡适非常推崇您的思想，他认为中国古代思想中对世界最大的最有创见的贡献，就是老子思想。不少学者认为胡适的说法很到位，面对今日世界资源短缺、人口"爆炸"、环境污染、局部战争、恐怖主义以及强权政治、霸权主义等威胁人类和平与发展的严峻现实，您的思想没有过时，同样具有强大的生命力。我们能这样评价吗？

胡适像

胡适非常推崇老子的思想，他认为中国古代思想中对世界最大的最有创见的贡献，就是老子思想。

老子：谢谢你们给予这么高的评价。有些人认为我的思想"富有消极落后因素"呢，那是一种极大的误解，他们还不懂我和我思想的积极表现。"上士闻道，勤而行之"（《老子·四十一章》），只要你是上品之士人，并真正奉行无为之道，身体力行，那一定可以"善贷且成"（《老子·四十一章》）。这说明我不是消极出世，而是积极入世的。对当时政治和社会的黑暗，我进行了无情的揭露。只要认真读过《老子》的人，就会清楚地看到这一点。胡适就讲过这样的话：老子"是一位对于政治和社会不满而要提出抗议的革命党"。说我是"革命党"，实不敢当。我只是一个追求社会和思想进步的思想家、哲学家。

函谷关

很多学者认为，《道德经》是世界唯一的微型百科全书，是中华民族的智慧宝藏，是人类走向幸福的指路明灯，必将成为未来世界家喻户晓的一部奇书宝典。您认为是不是这样？

老子：此话言重了。不过，古今中外无数有识之士都对我和《道德经》给予极高评价。孔子说："吾今见老子，其犹龙邪！"后来唐玄宗李隆基说：老子书"可以理国，可以保身"。托尔斯泰说："我的道德状况……主要是读《道德经》的结果。"黑格尔说，老子是东方精神的代表者。钱锺书说："我一生为学得益最大的是老子的辩证法。"目前西方国家掀起了新一轮"老子热"。中国人到美国学习取经，而哈佛人却说，我们正在学习研究中国的《道德经》。所有这些，对我是极大的安慰。

董光璧像

董光璧认为，当代新道家的实质在于，把中国古代道家的自然人文主义发展为一种科学人文主义，体现了科学精神与人文关怀的统一。他说，这种新道家思想不仅是解决当代世界文明危机的一条出路，而且是重整中国传统文化的一个可取方案。

老子雕像

著名哲学家黑格尔在《历史哲学讲演录》和《哲学史讲演录》中都提到过您。一些西方思想家甚至说："孔子是中国的，老子是世界的。"听到这些，您有什么感受？

黑格尔像

辩证法大师黑格尔读了《道德经》后，对其极为推崇，在其《哲学史讲演录》中，称赞老子是"与哲学密切相关的生活方式的创始人"，是人类哲学的源头，是东方精神的杰出代表。

老子：我一再强调"不争之德"，我怎么会跟孔子一争高低呢？应该客观地说，孔子有孔子的长处，我有我的长处，当然我们也会有各自的不足之处。至于说谁是属于世界的，偌大一个中国，有那么悠久的历史，为什么不可以同时有两个甚至多个世界级的思想家呢？

我想，这是完全可以的。

续修太清宫记碑

立石于金代明昌二年（1191年），位于太极殿山门前西侧。

天下第一
The Greatest Philosopher

老子雕像

后　记

　　为了提高国民的文化自觉和文化自信，为建设社会主义文化强国添一块砖、加一片瓦，我们花费了数年时间编纂了这套定名为"提问诸子"的丛书。我们的人手不多，写作这样大部头的书稿实在有点勉为其难。好在大家都有决心，齐心协力地干，几易其稿，现在终于可以面世了。

　　有朋友看了样稿后赞道，这是对国学精当的阐释和大胆的浅化。这当然是同道的过誉和奖掖，对我们来说实不敢当。国学博大精深，涵盖了中国固有的文化和学术，除我们涉及的子学外，还包括医学、戏剧、书画、星相、数术等方面的传统文化。若以学科分，应分为哲学、史学、宗教学、文学、礼俗学、考据学、伦理学、版本学等，其中以儒家哲学为主流。若以思想分，先秦时期就有所谓的"诸子百家"，形成了儒家、道家、法家、墨家、兵家等思想体系。我们触及的只是整个国学中的冰山一角，岂敢以偏概全？所言"精当的阐释和大胆的浅化"，倒确是我们的初衷之所在。这个"子"那个"子"，历代统治者为了一己之利，早已把他们涂抹得面目走样了，为文化自觉和自信计，非得还其原本的真相不可。在"精当"两字上，我们确是花了不少气力的。至于浅化，那更是当务之急。"提高全民族文化素质，增强国家文化软实力"，应是国策。既然这是关乎"全民""国家"的事，岂有不浅化之理？

　　需要说明的是，本丛书靠的是集体的智慧和力量。除了笔者的努力外，丛书主编黄坤明先生在选题和框架构想的设定上功不可没。在编撰过程中，得到了国家图书馆、上海图书馆、中华书局、商务印书馆、人民出版社、上海人民出版社、上海古籍出版社，以及诸子故居所在地纪念馆及地方政府的支持，他们给我们提供了大量的珍贵资料和照片，也提出了许多可贵的意见。在编写过程中，我们采纳了张晓敏、江曾培、李国章、陈广蛟、秦志华等先生的许多真知灼见，有关编辑胡国友、刘寅春、李梅、李琳、贺寅、周俊、金燕峰、孙露露、王华、王凤珠等作了精到的修饰和校正，在图文合成中，得到了梁业礼、王轶顾、本本、曾初晓、卢鹏辉、卢斌等的帮助，倪培民教授为丛书简介作了英文翻译，在此一并致谢。

当然，由于作者学力有限，必有偏差、失当和粗疏之处，在此诚望方家好友不吝指教，以待重版时修正。书中的图片有的是请友人实地拍摄的，有的是购买或有关方面赠送的，在此表示谢意外，谅不一一注明了。还有极个别图片已多处使用，且署名不一，实难确定作者。有的图片虽经寻访，但仍然找不到原作者。日后这方面的工作如有所进展，定当按相关规定付以稿酬。

作者

2011 年 10 月 18 日